Franz Coriasco

„CIAO MAMA; SEI GLÜCKLICH, DENN ICH BIN ES!“

Im Gespräch mit den Eltern von Chiara Luce Badano

Franz Coriasco

„Ciao Mama; sei glücklich, denn ich bin es!“

Im Gespräch mit den Eltern von Chiara Luce Badano

Verlag Neue Stadt
München · Zürich · Wien

Titel der zugrundeliegenden italienischen Originalausgabe:
Franz Coriasco, In viaggio con i Badano. Chiara Luce e la sua famiglia: i segreti di un segreto, © 2011, Città Nuova Editrice, Rom

Übertragung aus dem Italienischen: Stefan Liesenfeld

1. Auflage 2012

Umschlaggestaltung und Satz: Neue-Stadt-Grafik
Umschlagfoto: Franz Coriasco
Druck: Memminger MedienCentrum, Memmingen
ISBN 978-3-87996-958-6

www.neuestadt.com

Inhalt

Einige Lebensdaten

1960	*16. Oktober: Hochzeit von Maria Teresa Caviglia und Ruggero Badano.*
1971	*29. Oktober: Geburt Chiaras, des ersten und einzigen Kindes.*
1977	*Im Herbst wird Chiara eingeschult.*
1980/81	*Chiara und ihre Eltern kommen in Kontakt mit der in Italien recht verbreiteten internationalen Fokolar-Bewegung, einer während des Zweiten Weltkriegs in Trient um Chiara Lubich entstandenen christlichen Gemeinschaft.*
1982	*Chiara kommt in die* scuola media *(Mittelschule).*
1985	*Im September zieht die Familie nach Savona, wo Chiara das* liceo classico *(humanistisches Gymnasium) besucht.*
1988	*Im Herbst zeigen sich bei der sportlichen, lebensfrohen Chiara erste Symptome ihrer Erkrankung.*
1989	*Februar: Ein metastasierter Knochentumor wird diagnostiert; die Therapien bleiben ohne nachhaltigen Erfolg.*
1990	*Zunehmende Verschlechterung des Gesundheitszustands; Chiara kann nicht mehr laufen. Am 22. Juni willigen die Ärzte in Chiaras Wunsch ein, die Chemotherapie abzubrechen, und raten zu einer Schmerztherapie. Chiara kehrt nach Hause zurück.* *Getragen von ihrer Familie und vielen Freunden, geht sie bewusst auf den Tod zu.* *Am 7. Oktober, um 4.10 Uhr, stirbt Chiara; ihre letzten Worte waren: „Ciao, Mama; sei glücklich, denn ich bin es!“*
2010	*Am 25. September, rund zwanzig Jahre nach ihrem Tod, spricht die katholische Kirche sie selig.*

Vorwort

Die Badanos und ich, wir kennen uns schon lange, doch erst in letzter Zeit haben wir uns regelmäßig getroffen: In den vergangenen Monaten waren wir oft gemeinsam unterwegs, in Italien und im Ausland; wir haben in Hotels übernachtet und bei einfachen Leuten; Radio- und Fernsehsender baten uns um Interviews. Einmal konnte ich sogar bei ihnen zu Hause übernachten – im Zimmer neben dem von Chiara „Luce", wie sie genannt wird, und das ausgerechnet an ihrem ersten Festtag als „Selige", am 29. Oktober 2010.

Wir haben miteinander gescherzt, waren ausgelassen wie Kinder, die bei einem Ausflug auch über Banalitäten lachen können, und wir haben einander Einblick gegeben in das, was uns im Innersten bewegt. Ich habe Maria Teresa und Ruggero Badano weinen, diskutieren und auch streiten sehen – wie jedes gewöhnliche Ehepaar. Doch diese beiden s i n d kein gewöhnliches Ehepaar. Sie haben – man versuche einmal, sich das auszumalen – eine Tochter, die von der katholischen Kirche offiziell seliggesprochen wurde. Papst Benedikt XVI. hat diese Familie als Vorbild bezeichnet, als „Modell" für eine christliche Familie. Die Badanos sind eine Familie alten Stils und zugleich eine höchst moderne. Fast würde ich sagen: eine postmoderne, jedenfalls in dem Sinn, dass ihr familiäres „Ökosystem" offenbar mancherlei enthält, um in einer Zeit der Gefährdung dieser so wichtigen menschlichen Institution eine Art Gegenentwurf sein zu können …

Als ich auf Anregung meiner Schwester Chicca, die Chiara Luces engste Freundin war, vor einiger Zeit ein Buch über sie zu schreiben begann, das ich später auch zu einer Bühnenfassung umgearbeitet habe, wollte ich vor allem von Chiara erzählen: von dieser 18-Jährigen, die so früh an einem schrecklichen Tumor gestorben und nun bereits zur „Ehre der Altäre" erhoben ist. Ihre Geschichte sprengt jeden Rahmen und alle Klischees. Schon aus einer rein erzählerischen Perspektive ist sie interessant: Je mehr ich mich an die Hintergründe herantastete, desto klarer wurde mir, dass ein Mensch wie Chiara Luce nicht einfach plötzlich da ist. Und dass aus einem Menschen etwas Besonderes wird, ist nicht dem Zufall zu verdanken. Das Umfeld, in dem dieser Mensch geboren wird und aufwächst, spielt hinein, seine Wurzeln – und ein ganzes Bündel anderer, schwer zu fassender Faktoren, die sich kaum in Worte fassen lassen, zumal wenn man wie ich – „trotz" Chiara Luce – ein Agnostiker ist …

Jedenfalls spielt die Familie eine gewichtige, oft entscheidende Rolle. Und wenn sich diese Institution heutzutage mancherlei „Angriffen" gegenüber sieht, wenn Zeitungsmeldungen über Familientragödien den Eindruck einer wahren Hölle vermitteln, so gibt es doch auch Beispiele dafür, dass eine Familie etwas außerordentlich Schönes sein kann. Mir kommt in dem Zusammenhang eine alte chinesische Erzählung in den Sinn, die mein Vater immer wieder zum Besten gab. Himmel und Hölle werden da als absolut identische Orte beschrieben: Hier wie dort findet ein fürstliches Gastmahl statt; hier wie dort stehen köstlichste Speisen bereit; hier wie dort gibt es aber auch ein Problem: Die Ess-Stäbchen sind viel zu lang. In der Hölle schafft es niemand, sich einen Bissen zum Mund zu führen; die Gäste verhungern am überreich gedeckten Tisch. Anders im Himmel: Da läuft alles reibungslos, und das einfach deshalb, weil jeder seinem Gegenüber zu essen gibt … In der Familie Badano hat man für den Umgang miteinander offenkundig die zweite Variante gewählt. Als einer, der die Geschichte von Chiara Luce persönlich miterlebt hat, glaube ich sagen zu dürfen: Die Kirche hätte keine selige Chiara Luce, die Welt hätte ihr Lebenszeugnis nicht ohne Maria Teresa und Ruggero Badano. Und diese beiden ewig Junggebliebenen, denen man ihre je 76 Jahre nicht ansieht, hätten nicht diese Ausstrahlung, wenn sie nicht einen Teil ihres Lebens zusammen mit ihrer Chiara verbracht hätten.

So wollte ich den Beziehungen, der Dynamik in dieser Familie auf den Grund zu gehen, nicht nur, um den Eltern das eine oder andere noch unbekannte „Geheimnis" zu entlocken, sondern vor allem, um ein wenig mehr zu verstehen, wie sie leben und gelebt haben – vor Chiara, mit ihr und danach.

Die folgenden Seiten sind das Ergebnis vieler Stunden im Gespräch; es sind auch – hier und da womöglich ein wenig indiskret erscheinende – Blicke „hinter den Vorhang": dorthin, wo es keine Scheinwerfer und Mikrofone gibt. Im Scheinwerferlicht standen die Badanos ja oft, besonders nach der Seligsprechung ihrer Tochter, und sie haben sich abgemüht, den zahllosen Interviewwünschen nachzukommen. Hier aber soll auch etwas von dem zur Sprache kommen, was man nicht in die Mikros sagt. Oft war meine Schwester Chicca, von klein auf Chiaras beste Freundin, dabei und kommentierte das Gesagte oder half den Eltern, eine eher vage Erinnerung „scharfzustellen".

„Alle glücklichen Familien gleichen einander; jede unglückliche Familie ist auf ihre eigene Weise unglücklich", schrieb Tolstoi im denkwürdigen Auftakt zu seinem großen Werk „Anna Karenina". Dem ist zuzustimmen, auch wenn die Familie Badano offenbar dazu dient, die berühmte Ausnahme von der Regel zu

bilden: Denn auch in ihrer Normalität war und ist die „glückliche Familie“ Badano einzigartig. Was nicht heißt, dass man nichts von ihr lernen könnte, im Gegenteil: Zu lernen gibt es immer etwas, wenn man Menschen begegnet, die meinen, niemanden belehren zu können …

Franz Coriasco

Einfache Leute

Während unserer Gespräche beobachte ich oft, wie sich die Blicke von Maria Teresa und Ruggero Badano kreuzen und wie sie sich rasch verständigen (was sie nicht daran hindert, sich bei jedem beliebigen Thema auf den Arm zu nehmen). Zwischendurch macht Ruggero eine seiner trockenen Bemerkungen (ein klassischer, regelmäßig von Gelächter begleiteter Spruch lautet: „Wenn alles gut geht, sind wir verloren!") … Ich bin dankbar, dass ich ein wenig an ihrem Leben teilhaben darf; ich mag sie und beneide sie um die Einfachheit ihrer Beziehung und darum, wie eindrucksvoll sie einander ergänzen.
Geboren sind sie am Vorabend des Zweiten Weltkriegs. Ihr Leben war, als Einzelne wie als Ehepaar, sehr bewegt: ein ständiger Wechsel von Freude und Schmerz, oft ins Extreme gesteigert. An ihrem Beispiel zeigt sich, wie unabsehbar das Leben sein kann, voller unerwarteter Wendungen und bisweilen vertrackt, auch wenn man es mit Entschlossenheit und voller Hoffnung angeht, mit jener Geradlinigkeit, die einfachen Leuten eigen ist …

Maria Teresa und Ruggero, ihr kennt euch schon ewig. Was ist eure erste Erinnerung aneinander? Wann habt ihr „mehr füreinander empfunden"?

Maria Teresa: Ruggero und ich kennen uns schon aus dem Kindergarten.

Ruggero: Außerdem waren wir Nachbarn; wir wohnten einander direkt gegenüber. Aber man kann nicht sagen, dass wir miteinander aufgewachsen wären: Wir hatten andere Freundeskreise; nur hin und wieder waren wir mal zusammen. Maria Teresa ging oft tanzen; ich war lieber auf der Jagd oder habe Boccia gespielt. Sicher, sie gefiel mir ganz gut; ich fand sie sehr sympathisch. Und dann kam die Zeit, in der ich anfing, mir über mein Leben und die Zukunft Gedanken zu machen: Ich wollte heiraten und habe sofort an sie gedacht.

Maria Teresa: Nur dass du sehr, sehr schüchtern warst …

Ruggero: Ich hatte nie etwas mit einem Mädchen gehabt, und außerdem wusste ich, dass sie in einen anderen verliebt war, einen gewissen Jean Louis. Doch dann hat Mirella, eine gemeinsame Freundin, Maria Teresa und mich an einem Nachmittag mit ins Kino genommen, wo ein Film von Gianni & Pinotto [zwei Komikern] lief.

Maria Teresa: Ruggero hat ewig gebraucht, bis er mir endlich mal den Arm um die Schulter gelegt hat! Und ich konnte mir das Lachen nicht verkneifen, als ich merkte, wie … – ach, wie soll ich es sagen?

Ruggero: … wie tollpatschig er war; sag's nur!

Maria Teresa: Er war durchaus attraktiv, und vor allem wusste ich, dass er ein feiner Kerl ist, einer, auf den Verlass ist. Darum hatte ich nichts dagegen, dass er sich für mich interessierte, und meinte, wir sollten uns mal ein bisschen besser kennenlernen.

Wer von euch hatte zuerst das Gefühl, dass ihr füreinander geschaffen sein könntet?

Maria Teresa: Ruggero, keine Frage! Ich hatte keine klaren Vorstellungen, auch weil ich hin und wieder noch an den anderen Jungen dachte … Aber am Ende hat mich Ruggero überzeugt; schließlich war er nicht nur attraktiv und anständig, sondern dazu noch eine richtig gute Partie *(sie lächelt)* … Der wirtschaftliche Aspekt war ja damals nicht zu verachten, zumal wenn jemand – wie ich – aus einer sehr armen Familie kam.
Ruggero: Nun, ich glaube nicht, dass die Uhr, die ich dir damals geschenkt habe, den Ausschlag gegeben hat?!
Maria Teresa (lacht): Natürlich nicht! Ich war mir ziemlich sicher, dass ich mich bei dir immer geborgen fühlen würde. Ich wusste, dass du mich wirklich liebtest und dass ich mich auf dich verlassen konnte. Aber du warst so völlig anders als der andere: Du warst immer so ernst und nüchtern.
Ruggero: Tja, in der ersten Zeit hatte sie den anderen immer noch im Kopf; wie hätte ich da locker sein können?! Außerdem hatte ich als Lastwagenfahrer viel zu tun und war ständig unterwegs. Nur selten gab es eine Gelegenheit, uns zu sehen, zumal Maria Teresa an den Wochenenden, wenn ich Zeit gehabt hätte, fast immer Gesangsunterricht in Genua hatte. Ein ganzes Jahr lag zwischen dem besagten Kinobesuch und dem Geschenk der Uhr!
Maria Teresa: Stimmt. Und von der Uhr bis zu Ruggeros „Erklärung“ hat es noch einmal sieben Monate gedauert!

Kein Wunder, dass ihr dann elf Jahre gebraucht habt, bis eure Tochter kam!

Ruggero (lacht): Was soll's; jedes Paar hat sein eigenes Tempo!

Und euer erster „romantischer" Ausflug?

Maria Teresa: Ehrlich gesagt, haben wir Ausflüge immer gemeinsam mit anderen gemacht. Ruggero hat dann zwar alles darangesetzt, dass wir dabei auch mal ein wenig zu zweit sein konnten, aber ich war da zögerlicher: Irgendein Vorwand, um nicht mit ihm allein zu sein, fand sich schon …
Ruggero: O ja, man brauchte viel Geduld mit ihr!
Maria Teresa: Ruggero ist nicht gerade romantisch veranlagt. Er gehört nicht zu denen, die dir ein Geschenk mitbringen oder eine Überraschung hervorziehen, wenn sie dich besuchen. Übrigens bin ich Ruggero in dieser Hinsicht sehr ähnlich. Nicht einmal zur Goldenen Hochzeit haben wir uns etwas geschenkt; die Seligsprechung von Chiara schien uns Geschenk genug!
Ruggero: Eine Tochter, die seliggesprochen wurde … – was soll man da sagen? Wie viele Eltern haben wohl so etwas erlebt? Es war etwas ganz und gar Außergewöhnliches, fünfzig gemeinsame Ehejahre und die Seligsprechung der eigenen Tochter zusammen feiern zu können!

Bei Ruggeros Charakter kann ich mir vorstellen, dass er dir nicht einmal zu Chiaras Geburt etwas geschenkt hat …

Maria Teresa: Ganz richtig! Aber zur Verlobung bekam ich von ihm einen wunderschönen Brillanten. Leider ging er vor ein paar Jahren verloren. Wir haben überall gesucht, aber er ist nicht mehr aufgetaucht. Was Ruggero endgültig in seiner Überzeugung bestätigte, dass es sich sowieso nicht lohnt, mir etwas Kostbares zu schenken! Aber ich möchte nicht verschweigen, dass er von seinen größeren Touren mit dem Lastwagen immer Blumen mitbrachte.

Ruggero, erinnerst du dich ans erste Weihnachtsgeschenk für Maria Teresa?

Ruggero: Ach, das war eine tragische Geschichte. Ich hatte ihr eine Flasche Parfüm gekauft …
Maria Teresa: Chanel Nr. 5, die große Konfektion, eine 500-ml-Flasche!
Ruggero: Und als ich sie Maria Teresa überreichen wollte, ist sie mir aus der Hand geglitten, und ein guter Teil ist ausgelaufen!
Maria Teresa: Mamma mia, du hättest sehen sollen, wie er sich aufgeregt hat!
Ruggero: Nicht wegen des Parfums, sondern weil ich so eine dumme Figur gemacht hatte: Etliche Freunde standen dabei!
Maria Teresa: Ruggero ist jemand, der sich über eine Kleinigkeit aufregen kann. Es war gar nicht so leicht, ihn davon zu überzeugen, dass die Flasche nicht halb leer, sondern immerhin noch halb voll war!
Ruggero: Das ist wirklich eine Grenze von mir, ich weiß …
Maria Teresa: Ja, und impulsiv bist du auch!

Nun, ich kann mir vorstellen, dass er auch ein paar gute Seiten hat …

Maria Teresa: Aber klar, was für eine Frage! Man konnte sich auf ihn verlassen, schon als junger Kerl; Ruggero hatte keine Flausen im Kopf. Vor allem aber hat er ein großes, gutes Herz.

Und wie ist es für dich, Ruggero? Wenn du einen Fehler und eine Stärke von Maria Teresa benennen müsstest …

Ruggero: Pünktlichkeit ist nicht ihre Stärke; jedenfalls kommt sie immer auf den letzten Drücker. Eigentlich weiß ich es, und doch rege ich mich jedes Mal wieder darüber auf …
Maria Teresa: Da hast du recht. Natürlich ist es an sich gut, pünktlich zu sein, aber das kann auch zu einer Fixierung werden, und dann ist es keine Tugend, sondern einfach stressig, meinst du nicht?
Ruggero: Ja, aber du bist *immer* spät dran! Auch heute morgen, stimmt's oder stimmt's nicht?
Maria Teresa: Es stimmt, aber du willst dich einfach nicht an die Regel halten, die ich dir schon so lange ans Herz lege.
Ruggero: Welche Regel?
Maria Teresa: Statt mir jedes Mal vorzuwerfen, ich sei wieder zu spät, könntest du mir einfach sagen: „Ich liebe dich!"
Ruggero (lacht): Lassen wir es gut sein! Um von ihren Vorzügen zu sprechen: Maria Teresa ist ein aufrichtiger Mensch, voller Energie und Sympathie, und sie ist sehr weise im Urteil. Außerdem besitzt sie die Fähigkeit, mir zu helfen, meine Fehler ein bisschen abzuschleifen.

Und so hast du ihr eines Tages einen Heiratsantrag gemacht …

Ruggero: Ja, ich erinnere mich noch genau an diese Szene: Wir saßen auf einer Klippe am Meer …
Maria Teresa: Ich habe überhaupt nicht damit gerechnet; mir schien die Zeit noch nicht reif, und in dem Moment wusste ich nicht, was ich dazu sagen sollte. Vieles schoss mir durch

den Kopf, zum Beispiel, wie teuer eine Hochzeit ist; auch wenn ich seit einiger Zeit in einer Amaretti-Fabrik arbeitete, hatte ich nicht genug Geld, um etwas beisteuern zu können. Ruggero meinte, wegen des Geldes solle ich mir keine Gedanken machen; das bekämen wir schon irgendwie geregelt. So habe ich ihn um Bedenkzeit gebeten, und einige Monate später konnte ich ihm sagen, dass ich einverstanden war.

Was hat dich schließlich überzeugt?

Maria Teresa: Ich hatte begriffen: Wenn ich mir Ruggero durch die Lappen gehen ließe, würde ich nie wieder jemand wie ihn finden.

Armer Ruggero: Ich glaube, sie hat dich geheiratet, weil sie sonst nicht mehr über die Runden gekommen wäre …

Ruggero (lacht): Ja, offenbar! Und doch hat sie fast ein Jahr gebraucht, um sich zu entscheiden!
Maria Teresa: Wie oft haben wir darüber mit Chiara gelacht: jedes Mal, wenn wir davon erzählt haben … Ich muss noch ergänzen, dass Ruggero wirklich großartig auf mein Zögern reagiert hat. Er machte mir keinerlei Druck, sondern hat meine Gefühle respektiert und mir die Zeit gelassen, die ich brauchte. Dieser Respekt, diese Geduld und Ausdauer gehören zu den Dingen, die mich am meisten an ihm fasziniert haben. Sicher, ich war nicht auf den ersten Blick unsterblich verliebt, doch auch wenn für mich am Anfang unserer gemeinsamen Geschichte nicht die ganz heiße Liebe stand, so ist

die Liebe zwischen uns mit der Zeit doch immer tiefer und belastbarer geworden; echte Krisen haben wir nicht gehabt. Unsere Verlobungszeit war schön, voller Freude, rein und klar, auf festen Werten gegründet. Wir haben gelernt, uns in aller Einfachheit und ganz konkret zu lieben.

Euer erster richtiger Streit …

Maria Teresa: … war kurz vor der Hochzeit. Wir waren dabei, unsere Wohnung einzurichten. Sie war wirklich sehr schön, ein paar Schritte vom Meer entfernt, mit direktem Zugang zum Strand. Wir hatten gestritten, weil Ruggero wollte, dass ich mich in allen praktischen Angelegenheiten mit seiner Mutter, die in der Nähe wohnte, kurzschließen und ihr im Haushalt zur Hand gehen sollte. An diesem Tag, glaube ich, habe ich sogar geweint. Aber der Ärger hielt nie lange an; das ist noch heute so. Schließlich bin ich auf ihn zugegangen und habe ihn gefragt, ob wir wieder Frieden schließen könnten …

Die Beziehung zu den Schwiegereltern war also schwierig. Ich kann mir vorstellen, dass sich das auch auf eure Beziehung untereinander ausgewirkt hat …

Ruggero: Ja, und das lag vor allem an mir. Wenn ich heute darüber nachdenke, muss ich mir eingestehen, dass ich meinen Eltern gegenüber nicht klar genug Stellung bezogen habe, wenn es um Maria Teresa ging. Das war nicht gut und auch nicht zu rechtfertigen.
Maria Teresa: Ich habe Ruggero oftmals vorgehalten, seiner Mutter gegenüber zu unterwürfig zu sein. Erst später habe ich

verstanden, dass sie es nicht böse meinte, sondern allzu sehr um ihren Sohn besorgt war. Sie konnte ihn einfach nicht loslassen. Unter dieser Schwierigkeit leiden viele Paare, besonders am Anfang. Ganz unschuldig war ich übrigens auch nicht: Ich habe es nicht geschafft, mich und meine Gefühle klar genug einzubringen.

Ruggero: Wir steckten da in einer Schwierigkeit, aus der wir keinen rechten Ausweg sahen …

Maria Teresa: Zum Glück hatte Ruggero eine großartige Großmutter, Cesira. Sie mochte mich unwahrscheinlich gern; wie oft hat sie mich getröstet und bestärkt. Sie gab mir viele weise Ratschläge, was ich für unsere Ehe tun und wie ich Ruggero verstehen lassen könnte, wie sehr mir diese Situation zu schaffen machte.

Ruggero: Auch wenn sich Maria Teresa das selten anmerken ließ … Meistens sah sie die Dinge positiv und wirkte fröhlich …

Maria Teresa: Wenn ich heute darüber nachdenke, würde ich sagen, dass die himmlische Regie mich durch diese Schwierigkeiten auf einen weit größeren Schmerz vorbereitet hat; mir scheint, dass da Maria ihre Hand im Spiel hatte …

Ruggero: Bedingt durch meine Arbeit, ergab sich schließlich die Möglichkeit, nach Sassello umzuziehen; im Nachhinein hat es sich als Geschenk des Himmels herausgestellt, sowohl für unsere Ehe als auch für die Beziehung zu meinen Eltern.

Welche Ratschläge würdet ihr aus eurer Erfahrung einem jungen Paar heute geben?

Maria Teresa: Ratschläge geben wir grundsätzlich nicht. Wir können es nicht und glauben auch nicht, dass sie dienlich wä-

ren; denn jedes Paar hat seine eigene Geschichte. Von dem her, was wir selbst erlebt haben, können wir nur sagen: Ganz wichtig ist, miteinander zu sprechen und Entscheidungen gemeinsam zu treffen; die Dinge beim Namen zu nennen und nicht um die Probleme herum zu reden; zu wissen, dass eine Familie autonom entscheiden können muss.
Ruggero: Ja, ich denke, es ist wichtig, sich von keinem bestimmen zu lassen, weder von Freunden noch von Verwandten. In dieser Hinsicht muss ein jeder die eigene Nabelschnur durchschneiden; sonst bleibt die neue Familie auf der Strecke.
Maria Teresa: Viele Ehen sind daran zerbrochen, dass sich andere mehr oder weniger übergriffig verhalten und sich eingemischt haben. Es ist ein Lernprozess, mit der jeweiligen Herkunftsfamilie vereint zu sein und zugleich sein eigenes Leben als Familie zu leben. Das ist jedenfalls unsere Erfahrung.
Ruggero: Und das Allerwichtigste ist eine große Liebe füreinander; sonst wird es kaum gelingen, die Hindernisse, die früher oder später unausweichlich kommen, zu überwinden. Also lernen, einander zu ergänzen und die Fehler des anderen zu ertragen. Am Ende gewinnt immer und einzig die Liebe, in der Beziehung der Partner und in der Beziehung mit den Kindern: Nur dann werden sie erkennen können, dass auch hinter einer Zurechtweisung der Wunsch steht, dass es ihnen gut geht.

Maria Teresa, warst du in jungen Jahren anders als Chiara?

Maria Teresa: Das ist eine schwierige Frage! Ich glaube, dass wir uns in einigen Dingen ziemlich ähnlich waren: Chiara war extrovertiert, geradlinig und wahrheitsliebend. Und genau wie ich hasste sie alles autoritäre Gehabe. Aber sie unterschied sich auch von mir; auf jeden Fall war sie stärker, mutiger, konsequenter als ich. Vielleicht, weil ich in ihrer Erziehung versucht habe, ihr zu helfen, die Eigenschaften besser zu entwickeln, die mir abgehen, und den einen oder anderen von meinen Fehlern zu vermeiden.

Im Oktober 1960 habt ihr geheiratet. Erzählt doch mal von eurem Hochzeitstag …

Maria Teresa: Eigentlich wollten wir in Sassello heiraten, in der kleinen Kapelle, die dem „Prager Jesuskind" geweiht ist; mein Vater hatte sie mit der Unterstützung anderer Männer aus der Gegend gebaut, um ein Gelübde einzulösen.
Ruggero: Aber wir bekamen nicht die Genehmigung; so haben wir in der Kirche *Fatebenefratelli* [Barmherzige Brüder] in Varazze geheiratet, einem wunderbaren Platz mit einem angrenzenden großen Park und Blick aufs Meer.
Maria Teresa: Wir hatten einen Cousin von mir, der Ordensmann war, gebeten, uns zu trauen.
Ruggero (blickt schmunzelnd zu Maria Teresa): Um mal von etwas anderem zu reden: Du bist in der allerletzten Minute gekommen! Du musstest sogar den Taxifahrer bitten, den Bahnübergang zu überqueren, als die Schranken schon heruntergingen!
Maria Teresa: Die Trauung war jedenfalls wunderschön. Auch wenn es abgegriffen klingt: Für mich ging an diesem Tag ein Traum in Erfüllung …
Ruggero: Dann sind wir auf Hochzeitsreise gegangen. Am Abend waren wir noch bei Maria Teresas Gesangslehrerin eingeladen, wo wir auch übernachtet haben, um dann am nächsten Tag die Reise fortzusetzen.

Maria Teresa: Ich hatte schreckliche Kopfschmerzen und fürchtete, Ruggero könnte gekränkt sein oder meinen, es sei ein Vorwand; schließlich war es unsere erste gemeinsame Nacht … Doch er war überaus einfühlsam und besorgt um mich: „Mach dir keine Gedanken", sagte er, „wir werden noch viele Nächte zusammen verbringen können." Das war für mich wie eine letzte Bestätigung: Was für einen großartigen Mann hatte ich doch geheiratet! Es war ein ganz besonderer, sehr intimer Augenblick.

Und wohin ging die Hochzeitsreise?

Ruggero: Nach Rom, ausgerechnet in die Stadt, wo fünfzig Jahre später unsere Tochter seliggesprochen wurde …
Maria Teresa: Zwölf Tage waren wir dort. Jeden Morgen zwang mich Ruggero um halb acht hinaus, weil es doch so viel zu sehen gebe! Zwei frisch Vermählte auf Hochzeitsreise, die nichts Besseres zu tun haben, als jeden Morgen in aller Herrgottsfrüh aufzubrechen – wie man sich vorstellen kann, hat sich das halbe Hotel über uns amüsiert! Aber davon abgesehen war es eine herrliche Zeit.

Was war der schönste und was der schwierigste Moment in den ersten Jahren?

Maria Teresa: Schwer zu sagen: Es gab so viele schöne und unschöne Momente …
Ruggero: Am stärksten, am intensivsten, so scheint mir, war die Zeit der Erwartung, bevor Chiara geboren wurde – nach elf

langen Jahren! Ich konnte mir keine Ehe ohne Kinder vorstellen; damals war mir der Gedanke nicht geläufig, dass es darauf ankommt, in allem den Willen Gottes zu tun, also auch anzunehmen, was er von uns möchte oder in unserem Leben zulässt. Für mich war es ein Drama; ich konnte innerlich einfach nicht ja dazu sagen, dass wir kinderlos bleiben sollten.

Maria Teresa: Ich weiß noch, wie ich ihm sagte, dass ich „vielleicht" schwanger sei. Ruggero wollte es nicht glauben; er hat mich nur wortlos angestarrt. Dann hat er mich gleich zum Gynäkologen gebracht, genauer gesagt: zu mehreren, weil er ganz sicher sein wollte! Doch um „ganz sicher" zu sein, mussten wir noch drei Wochen warten. Danach war Ruggero im siebten Himmel!

Ruggero: Als wir die Praxis verließen, habe ich zu Maria Teresa gesagt: „Ich bin so glücklich, dass ich den Arzt am liebsten umarmt hätte!"

Maria Teresa: Natürlich galt es vorsichtig zu sein: Es war mein erstes Kind, und ich war schließlich schon 37. Ruggero war so was von aufgeregt! Ich sollte bloß nichts riskieren! Er wollte nicht einmal, dass ich die Treppe hinaufstieg; manchmal hat er mich nach oben getragen! Und als es dann soweit war, dass ich ins Krankenhaus musste, war er gerade beim Frisör. Als ich anrief, ist er halbrasiert Hals über Kopf aufgebrochen, um mich zu holen!

Ruggero: Und als ob das nicht schon gereicht hätte, war die Straße nach Savona auch noch wegen Bauarbeiten gesperrt!

Maria Teresa: Wie man sich vorstellen kann, hat Ruggero derart verrückt gespielt, dass sie uns schließlich doch durchgelassen haben. Wild gestikulierend machte er den Sprengmeistern klar: Sprengladungen hin oder her, ich fahre da durch!

Ruggero (schaut Maria Teresa an): Die Fruchtblase war doch schon geplatzt; wenn wir die Umleitung hätten nehmen müssen, hätten wir über anderthalb Stunden zum Krankenhaus gebraucht!

Nach der glücklichen Geburt bist du dann zum Marienheiligtum „Madonna delle Rocche" gepilgert …

Ruggero: Ja, das war doch selbstverständlich. Zwanzig Kilometer Fußmarsch … Wegen der Arbeit musste ich die Strecke in zwei Etappen zurücklegen.
Maria Teresa: Chiara war wirklich ein Geschenk des Himmels, eine Freude, die Maria uns gemacht hatte! So haben wir es von Anfang an empfunden.
Ruggero: Zu dem Wallfahrtsort sind wir viele Male zurückgekehrt, auch mit Chiara. Immer wieder fühlten wir uns gedrängt zu danken, nicht nur dafür, dass uns eine Tochter geschenkt worden ist, sondern auch, dass wir eine *solche* Tochter hatten!
Maria Teresa: Einmal haben wir Chiara allein vorne am Altar gelassen, damit auch sie Danke sagte …

Zu dritt!

Wenn Maria Teresa und Ruggero anfangen, von ihrem Leben mit Chiara zu erzählen, kommen sie mir manchmal vor wie ein wandelnder Familienratgeber. Um nicht missverstanden zu werden: Ich meine nicht jene Gattung von Büchern, die alle möglichen, mehr oder weniger nachvollziehbaren Empfehlungen und Ratschläge enthalten; bei den Badanos findet man vielmehr ständig neue, konkrete Beispiele dafür, wie man als Paar oder in der Eltern-Kind-Beziehung mit Schwierigkeiten umgehen kann. Am liebsten würde ich ununterbrochen weiterfragen …
Eine Familie ist, so meine ich, erst vollständig, wenn sie mindestens ein Trio bildet; Kinder, zumindest der Wunsch nach einem Kind gehört irgendwie dazu. Maria Teresa und Ruggero haben immer so gedacht, und ebenso wussten sie, dass ein Kind einem nicht gehört: Es ist kein Besitz, den man verwalten oder nach eigenem Gutdünken „gestalten" könnte, sondern ein anvertrautes Gut, ein Mensch, für den man verantwortlich ist und für den man, wenn das „Spiel" zu Ende geht, Rechenschaft geben muss, vor Gott und/oder den Menschen.
Wenn das Warten lange dauert, in ihrem Fall waren es, wie gesagt, über zehn Jahre, dann wird ein Kind vielleicht noch mehr als sonst als „Geschenk des Himmels" erlebt, als ein Wesen, das man entsprechend behandeln und großziehen möchte: mit jener Liebe, welche „die goldene Regel" einer Familie ist …

Die Geburt von Chiara war ein gewaltiger Einschnitt in eurem Familienleben …

Maria Teresa: O ja! Wir hatten sie so lange erwartet, da konnte es gar nicht anders sein. Von einem auf den andern Tag war alles anders.
Ruggero: Wenn es stimmt, das jedes Kind ein Geschenk ist, dann traf das in unserem Fall doppelt zu …

Wie war Chiara, als sie ganz klein war? Ließ sie euch nachts schlafen? Hat sie öfter mal etwas angestellt?

Maria Teresa: Sie war ein Schatz. Wie ein kleiner Engel ist sie abends eingeschlafen, und auch geschlafen hat sie meistens gut. Wir hatten keine Probleme mit ihr. Auch nicht mit dem Schnuller: Irgendwann wollte sie selbst ihn nicht mehr haben. Sie beklagte sich nicht einmal, wenn es ihr nicht gut ging.

Und wie ging es mit dem Essen? Hat sie gegessen, was sie bekommen hat?
Maria Teresa: Ja, bis auf Suppen mit Fleischbrühe: Die mochte sie partout nicht. Aber statt bockig zu werden, hat sie versucht, die Suppe trotzdem „hinunterzubringen“. Als ich begriff, wie sehr sie sich überwinden musste, habe ich ihr natürlich keine mehr gegeben.

Sie war euer einziges, heiß ersehntes Kind, und doch habt ihr sie so früh in den Kindergarten getan?!

Maria Teresa: Ich kann dir sagen! Völlig übertrieben sei das, meinte jemand … Es ist mir alles andere als leicht gefallen, sie nicht mehr den ganzen Tag zu Hause zu haben. Aber ich habe gespürt, dass Chiara mit anderen Kindern ihres Alters zusammen sein musste, um kein gehätscheltes Einzelkind zu werden. Mir fällt ein, wie wir auf dem Heimweg vom Kindergarten manchmal einen ihrer kleinen Freunde nach Hause begleiteten. Da wurde Chiara ein bisschen eifersüchtig; wenn das andere Kind ganz nah zu mir kam, schubste sie es weg; einmal, sie war vielleicht drei Jahre alt, hat sie es sogar gekratzt. Ich verstand, dass ich das richtige Gleichgewicht finden musste: Einerseits war es wichtig, ihren Bedürfnissen Rechnung zu tragen und ihr meine Zuneigung zu zeigen, andererseits musste ich ihr klar machen, dass bestimmte Verhaltensweisen einfach nicht gehen. Chiara hat das übrigens sehr schnell begriffen – und auch beherzigt.

Ich kann mir vorstellen, dass sie – wie die meisten Kinder – auf Zeichentrickfilme stand: Welche mochte sie besonders? Und was waren ihre Lieblingsspiele?

Maria Teresa: Besonders gern sah sie die Geschichten von Heidi und ihrem Großvater. Sie war richtig verrückt danach und kannte den Heidi-Song auswendig … Manchmal schauten wir uns eine Sendung zusammen an und sprachen dann darüber. Doch der Fernseher lief bei uns zu Hause nur selten. Chiara spielte oft mit Legosteinen und natürlich auch mit ihren Puppen, vor allem mit *Cicciobello*. Wie sie ihn umsorgte und liebhatte: wie eine gute Puppenmutti! – Und dann ist es passiert: Eines Tages hatte sie plötzlich das Köpfchen ihrer

Lieblingspuppe in der Hand! Ich dachte: Jetzt gibt es eine Tragödie. Doch nichts dergleichen! Nach einigen Tagen hat sie *Cicciobello* nicht einmal mehr angesehen. So war sie: Sie klammerte sich nicht an irgendwelche Sachen, nicht einmal an die, die sie eigentlich ganz gern hatte.
Ruggero: Gespielt hat sie grundsätzlich gern, um welches Spiel es sich auch handelte. Oft brachte sie, vielleicht auch, weil sie Einzelkind war, Freundinnen mit nach Hause, um zusammen mit ihnen zu spielen. Ein Mädchen, das keine Mutter mehr hatte, war für Chiara wie eine Schwester. Einmal sind sie zum Spielen aufs Dach gestiegen: Maria Teresa hat einen Riesenschrecken bekommen, als sie die beiden da oben erblickte!
Maria Teresa: Chiara liebte es, wenn die Großmutter oder ich ihr Märchen vorlasen. Manchmal erzählte ich ihr auch Geschichten von Jesus – ein bisschen im Stil der Märchen. Das machte ihr große Freude! Ich glaube, dass sie da angefangen hat, Jesus zu lieben …

Habt ihr zu Hause eigentlich Dialekt oder Italienisch gesprochen?

Maria Teresa: Mit Ruggero spreche ich bis heute fast immer Dialekt; mit Chiara haben wir Italienisch gesprochen.
Ruggero: So hat Chiara von klein auf gelernt, den Dialekt von Sassello zu verstehen; gesprochen hat sie ihn nie. Und wenn sie es manchmal doch probierte, merkte sie selbst, dass es nicht ging, und brach in Lachen aus … Unser Dialekt ist übrigens recht schwer zu sprechen, und noch schwerer zu schreiben.

Was wollte die kleine Chiara einmal werden?

Maria Teresa: Sie wollte gern Lehrerin werden. Ich glaube, das lag an ihrer ersten Lehrerin, Fausta, die sie bewunderte. Manchmal stand Chiara vor dem Spiegel und spielte „Lehrerin“; sie machte Faustas Gesten nach und redete wie sie. Als ich das der Lehrerin erzählte, meinte sie: „O Schreck! Jetzt muss ich noch mehr Acht geben, was ich in der Klasse tue!“

Weihnachten ist das Fest der Familie. Wie habt ihr Weihnachten gefeiert? Woran erinnert ihr euch besonders?

Maria Teresa: Wie alle Kinder konnte auch Chiara es kaum erwarten, dass endlich das Christkind mit den Geschenken kommt. Wir mussten doppelt aufpassen, dass wir alles gut versteckt hielten; denn ihr fiel das Warten ganz besonders schwer, und es bestand immer die Gefahr, dass sie schon vorher etwas entdeckte. Es waren Tage gespannter, freudiger Erwartung: Sie liebte es, die Krippe herzurichten ... Die Geschenke gab es bei uns am Morgen des ersten Weihnachtstages; Chiara glaubte fest daran, dass das Jesuskind selbst sie für sie ausgesucht hätte.

Und der Muttertag?

Maria Teresa: Ja, auch dieses Fest mochte sie sehr! Neben den üblichen kleinen Dingen, die die Kinder im Kindergarten oder in der Schule vorbereiten, sprach sie sich jedes Jahr mit Ruggero ab: Sie schenkten mir Blumen, und dann sangen sie zusammen „Alles Gute für dich ...“, auch wenn Ruggero nie den Ton traf … Einmal kam sie mit einem Gedicht nach Hause, doch sie konnte noch nicht lesen. So hat sie ihren Papa eingespannt: Der musste lesen, und sie bewegte nur die Lippen: eine tolle Playback-Vorstellung … Der Vatertag lief übrigens ähnlich ab. Chiaras Kindheit war diesbezüglich ganz normal. Vor allem war es eine glückliche Kindheit. Chiara hatte einen ausgeprägten Sinn für die Familie.

Könnt ihr etwas von den Ferien oder euren Ausflügen erzählen?

Ruggero: Oft habe ich Chiara und Maria Teresa mit dem Lastwagen mitgenommen. Das war eine gute Gelegenheit, um zusammen sein zu können, miteinander zu reden und auch ein bisschen von der Welt zu sehen. Chiara hat es großen Spaß gemacht!
Maria Teresa: Manchmal waren wir auch bei ihren Schulausflügen dabei; damals waren auch die Eltern eingeladen teilzunehmen. Wir waren am Comer See, ein andermal in *Gardaland* [einem Freizeitpark], dann in Collodi. Chiara freute sich, wenn wir mitkamen, was nicht heißt, dass sie bei diesen Ausflügen an uns geklebt hätte, im Gegenteil.

Wir wissen schon, dass Chiara nicht launisch oder zickig war; aber das eine oder andere wird sie doch angestellt haben? Fällt euch spontan eine Begebenheit ein, die noch keiner kennt?

Maria Teresa: Vorausschicken möchte ich, dass wir versucht haben, Chiara in einem Klima der Liebe und Wahrhaftigkeit zu erziehen. Gehorsam um des Gehorsams willen sollte es bei uns nicht geben; was wir ihr vermittelten, sollte in der Liebe gründen, nicht in irgendwelchen nicht hinterfragten Regeln. Ich weiß noch, wie sich Chiara einmal, als ich ihr etwas verboten hatte, auf die Stufe der Terrasse setzte und weinte. Da kam die Großmutter; was Chiara denn habe, wollte sie wissen. Chiara schwieg. Die Großmutter fragte mich, was los sei, und ich antwortete, es sei nichts Nennenswertes. Da hörten wir ein leises Stimmchen: „Ach, lass es gut sein, Oma; lass mich nur weinen: Mama hat gesagt, dass denen, die weinen, das Herz nicht so weh tut." Verwundert sah mich die Großmutter an; ich erklärte ihr, dass ich Chiara am Tag zuvor einen Artikel vorgelesen hatte, in dem es hieß, dass es gut für die Gesundheit sei, „sich mal Luft zu machen". Vielleicht zeigt diese Episode ein wenig von Chiaras Charakter …

Chicca zu Maria Teresa: Erzähl doch mal das mit dem Spiegel …

Maria Teresa: Ja! Was Chiara angestellt hatte, weiß ich nicht mehr so genau. Jedenfalls habe ich ihr gesagt: „Chiara, heute reitet dich wohl ein kleines Teufelchen!" Da ging sie schnurstracks in ihr Zimmer. Ich verbarg mich hinter der Tür und beobachtete sie: Sie stand vor dem Spiegel am Schrank und guckte nach, ob das, was ich gesagt hatte, stimmte: Aufmerksam betrachtete sie ihr Spiegelbild und drehte schnell den Kopf, um zu sehen, ob sich hinter ihr ein Teufelchen versteckt hätte … Dann wandte sie sich zu mir und sagte: „Also, Mama, das Teufelchen habe ich nicht gesehen!" „Aha", antwortete ich, „dann ist wohl wieder alles okay!"

Wie habt ihr reagiert, wenn Chiara mal nicht auf euch gehört hat?

Maria Teresa: Sie war nicht der Typ, der ... – höchstens ein bisschen flatterhaft oder gedankenlos war sie. Einmal, als sie schon die Mittelschule besuchte, machte sie mit ihren Freunden eine Tour. Sie waren etwas unvorsichtig gewesen und wurden von einem fürchterlichen Unwetter überrascht. Wir und die anderen Eltern waren in heller Aufregung; man konnte zusehen, wie der Fluss anstieg, den sie auf dem Heimweg überqueren mussten. Die bekommt etwas zu hören, wenn sie nach Hause kommt!, dachte ich bei mir. Da riefen andere Eltern an, um mir zu sagen, dass sie gerade zurückkämen. Ich war so aufgebracht, dass ich meine Schwester Mimma bat, Chiara entgegenzugehen. Mir schien es das Beste, denn ich wollte ihr die Szene ersparen, die ich ihr in diesem Moment gemacht hätte. Die Tante schickte Chiara sofort in ihr Zimmer. Ich glaube, Chiara hat gleich verstanden, dass sie mich in Angst und Schrecken versetzt hatte; jedenfalls schaute sie mich am nächsten Morgen so schuldbewusst und traurig an, dass ich es vorzog, auf eine Standpauke zu verzichten. Ich sagte nur, dass ich nichts mehr zu sagen brauche, weil sie es ja schon selbst begriffen habe. Sie umarmte mich und sagte, dass so etwas nicht mehr vorkomme.

Ruggero, hast du eigentlich nie mit Chiara gespielt?

Ruggero: Wir hatten viel Spaß an Wettrennen, zum Beispiel auf dem Heimweg von der Kirche. Wehe, wenn sie merkte, dass ich sie gewinnen ließ! Auch Pilze suchen gingen wir zusammen. Ich kannte die besten Plätze und stellte es so an, dass

Chiara sie als erste fand. Aber das durfte sie auf keinen Fall merken; sie regte sich gewaltig auf, wenn sie den Eindruck hatte, dass ich ihr half ...
Maria Teresa: An Karneval hatten wir uns alle drei verkleidet: Ruggero als Priester mit einer total verrückten blonden Perücke, ich als Zofe und Chiara als Bäuerin. Sie hatte einen Riesenspaß, auch weil kein Mensch Ruggero erkannte!

Und was habt ihr gespielt ...?

Maria Teresa: Verschiedenstes! Auch Kartenspiele. Manchmal spielte auch Tante Mimma mit. Das waren wunderschöne Stunden; Chiara genoss dieses fröhliche, einträchtige Beisammensein in der Familie.

Man sagt, dass die Mädchen sich oft mehr zum Vater als zur Mutter hingezogen fühlen. War das bei euch auch so?

Maria Teresa: Wenn Chiara Ruggero ansah, sagte sie mir öfter: „Schau mal, wie toll mein Papa aussieht!" Aber ich glaube nicht, dass sie eine Vorliebe für ihn oder für mich gehabt hätte: Sie liebte uns beide gleichermaßen; dabei wusste sie um unsere unterschiedlichen Rollen und Temperamente. Auch mir gegenüber hat sie es nicht an liebevollen Bemerkungen fehlen lassen.
Ruggero: Das habe ich auch so erlebt: Chiara hatte uns beide gern, sie liebte vor allem die Familie, unsere „Mannschaft", in der jeder eine bestimmte Rolle hatte.

Eine „Schmusekatze" war sie nicht, oder?

Maria Teresa: Nein. Wir sind alle nicht besonders sentimental oder „romantisch" veranlagt … Um uns ein bisschen zu necken, machte Chiara schon mal Bemerkungen wie: „Los, Papa, jetzt gib Mama mal einen Kuss!" Wenn Ruggero sich mir dann zuwandte und ich abwiegelte, fasste sie ihn am Bart, zog ihn an mich heran und rieb mir seinen Bart über die Wangen … Doch auch wenn Chiara es nicht so mit Liebkosungen hatte, war ihr sehr daran gelegen, dass für unsere Beziehung genügend Raum blieb. Vor allem in ihrer letzten Lebensphase setzte sie alles daran, dass ihre Krankheit nicht zu einem Hindernis für uns als Paar würde. Einmal, als sie schon ans Bett gefesselt war, hat sie uns regelrecht gezwungen, uns einen Tag für uns allein zu nehmen.

Ich habe mir oft gedacht, dass Chiara die Traumtochter für alle Eltern gewesen wäre …

Ruggero: Ja, das kann man wirklich sagen …
Maria Teresa: Nur haben wir ihr das, so wie wir gestrickt sind, oft zu wenig gezeigt. Einmal kam sie zu mir und sagte mit ihrer zarten Stimme: „Aber Mama, du machst mir nie ein Kompliment!" Ich verstand, dass ich da achtsamer sein musste; wenn sie etwas tat, was ein Lob verdiente, dann sollte sie auch gelobt werden! Gerade für Kinder ist das ja so wichtig, wahrscheinlich wichtiger als die Zurechtweisungen.

Trotzdem: Auch ihr seid für Chiara Eltern gewesen, wie sie sich jedes Kind wünschen könnte. Für Chiara selbst wart ihr sicher ein Vorbild. Was schätzte sie am meisten an euch? Um was „beneidete" sie euch?

Ruggero: Ich glaube, am meisten schätzte sie das Einvernehmen zwischen Maria Teresa und mir, die einfache, positive Art, wie wir an die Dinge herangingen. Bei allen Grenzen spürte sie unser Vertrauen und eine tiefe Gelassenheit. Mir scheint, dass sie das gern auch so gemacht hätte, wenn sie geheiratet hätte; sie wünschte sich eine Familie wie die, in der sie selbst aufgewachsen war: eine Familie, in der jeder seine Gedanken in aller Freiheit einbringen kann.

Maria Teresa: Ja, auch ich glaube, dass Chiara unsere Art, zu leben und miteinander umzugehen, gefiel. Sie liebte es, wenn wir einander neckten … Ich erinnere mich an eine gemeinsame Autofahrt nach Savona; ich merkte, wie Ruggero vom Anblick einer wirklich entzückenden jungen Frau abgelenkt wurde und sagte etwas ärgerlich: „Ruggero, sieh, wo du hinfährst!" Darauf meinte er schmunzelnd: „Was willst du, das Auge will auch auf seine Kosten kommen …" Chiara, die hinten saß, lachte und kommentierte: „Aber Papa!"

Ruggero: Chiara wollte möglichst alles von uns und unserer Geschichte wissen, bis in die kleinsten Einzelheiten. Es war, als wollte sie auch unsere Vergangenheit teilen …

Chiara hat gern Späße gemacht, nicht wahr?

Ruggero: O ja! Zum Beispiel, wenn sie und ihre Freundinnen jemanden anriefen: Dann machten sie sich einen Spaß daraus, die Stimme zu verstellen …
Maria Teresa: Einmal, als sie schon krank war, hat sie Giuliano, einen ihrer Freunde, mit einem total witzigen Kopftuch ans Fenster treten lassen, um zu sehen, wie die Leute auf der Straße reagierten … Die beiden haben sich halb tot gelacht …

Ihr stellt immer wieder heraus, dass Chiara „ganz normal" war. Ihre Normalität war in der Tat beeindruckend. Bleiben wir ein wenig bei den Alltagsdingen: Was war ihre Lieblingsfarbe? … ihr Leibgericht? Mochte sie lieber den Tag oder die Nacht? Welche Jahreszeit, welches Buch, welchen Film, welchen Song hat sie besonders geliebt?

Maria Teresa: Rosa mochte sie sehr. Und gegessen hat sie am liebsten … Eis! Ich glaube, sie mochte den Tag lieber, auch wenn sie für ihr Leben gern den Sternenhimmel betrachtete. Ihre liebste Jahreszeit war ganz bestimmt der Herbst: Wie konnte sie sich dafür begeistern, wenn die Landschaft um Sassello in allen Farbschattierungen leuchtete! Aber auch der Frühling, besonders wenn die ersten Schmetterlinge auftauchten, ach, wie sehr liebte sie die Schmetterlinge! Wenn ich heute darüber nachdenke, scheint mir, dass sie für Chiara wie ein Symbol waren: ein Sinnbild für Leichtigkeit und für ein kurzes, aber intensives Leben …
Ihr Lieblingsbuch war „Der kleine Prinz", außerdem mochte sie Krimis, besonders die von Agatha Christie. Songs? Da fällt

mir „Almeno tu nell'universo“ von Mia Martini ein, aber auch die von Springsteen und U2. Ein Film, der ihr außerordentlich gut gefiel – damals war sie schon sehr krank – war „Die Möwe Jonathan“, aber auch ein Film von Benigni, ich glaube, es war *Johnny Stecchino* („Zahnstocher Johnny“), den ihr Cousin Alberto mitbrachte: Wie hat sie an diesem Abend gelacht!

Chiara war gern mit Gleichaltrigen zusammen, aber durchaus auch mit älteren Menschen, besonders mit ihren Großeltern, ebenso mit Signora Speranza, der alten Dame aus dem nahegelegenen Altenheim, das sie oft besuchte. Wie kam das?

Maria Teresa: Schwer zu sagen ... Sie machte keine Unterschiede ... Klar, ihre Großeltern liebte sie sehr, besonders meine Mutter Gina. Für Chiara war sie ein Vorbild und ein ganz wichtiger Bezugspunkt. Doch ganz allgemein, denke ich, fand sie die älteren Menschen wegen ihrer Lebenserfahrung und Weisheit interessant: Sie schienen ihr so etwas wie ein lebendiges Handbuch, aus dem sie viel lernen konnte.
Ruggero: Du hättest sie sehen müssen, wenn sie mit Oma Gina zusammen war ... Sie sog förmlich alles auf, was die Großmutter erzählte. Mit welcher Liebe sich die beiden anschauten!
Maria Teresa: Einmal, als Chiara noch ganz klein war, wollte sie unbedingt die Nacht bei der kranken Oma sein, um uns zu entlasten. Sie nahm ihre Aufgabe unglaublich ernst. Sie zwickte sich sogar, um sich wach zu halten ... Als sie mir davon am nächsten Tag nach der Schule erzählte, war ich regelrecht gerührt von ihrer Liebe zu den Großeltern und zu mir. Ihre Großherzigkeit und Einfachheit waren für mich wie eine Ein-

ladung, in meinem Glaubensleben zum Wesentlichen zurückzukehren. Wieder waren es nicht irgendwelche Worte, sondern ihr Verhalten, einfach ihre Art, die diesen Wunsch in mir weckten.

Welche Beziehung hatte Chiara als Kind zu Jesus?

Maria Teresa: Wie gesagt hat Chiara das Evangelium schon in ganz jungen Jahren kennen- und lieben gelernt – dadurch, dass ich ihr viele Geschichten erzählte … Zur Erstkommunion schenkte ihr der Pfarrer, Don Bazzano, eine Ausgabe des Neuen Testaments; das war für sie ein kleiner Schatz, den sie oft bei sich trug. Sogar im Bus las sie darin. Für sie war Jesus nichts Abstraktes, sondern eine Person, die tagtäglich ganz konkret in ihr Leben trat, wenn man so sagen kann. Als sie dann größer war und die Fokolar-Bewegung kennenlernte, hat sie sich richtig in ihn „verliebt“: Sie wollte ihm ganz gehören; ihr Heimgang in den Himmel war für sie eine Hochzeit. Sie wollte wie eine Braut gekleidet sein; deine Mutter, Franz, hat das Kleid genäht, und Chicca hat es vor Chiaras Augen angezogen, um es ihr zu präsentieren.

Ruggero: Maria Teresa hat recht: Chiara war schon in jungen Jahren in Jesus verliebt. Sicher, dieses Gefühl ist – wie es in allen Beziehungen ist – mit der Zeit gereift und tiefer geworden.

Maria Teresa: Ich glaube, dass Kinder von klein auf zu einer solchen Liebe zu Jesus geführt werden können. Viele meinen, sie würden davon noch nichts verstehen, doch ich bin überzeugt, dass es möglich ist. Ihre Beziehung zu Jesus, zu Gott entwickelt sich ganz natürlich. Ich weiß noch, wie ich Chiaras

Hand gehalten und ihr ein Kreuzzeichen gemacht habe; da war sie gerade ein halbes Jahr alt.

Die Begegnung mit der Fokolar-Bewegung und dem Charisma der Gründerin, Chiara Lubich, war für den inneren Weg eurer Tochter von entscheidender Bedeutung …

Maria Teresa: Ja; diese Spiritualität hat Chiara innerlich berührt und viel in ihr bewirkt, in ihrem alltäglichen Leben, auch in der Familie und ihren Beziehungen mit anderen.
Ruggero: Sie war erst neun, als sie mit dieser Bewegung in Berührung kam. Es war für unsere Tochter genau das richtige Umfeld … – dieses ganz konkrete Leben und die Weite, die sie da fand, faszinierten sie.
Maria Teresa: … umso mehr, als sie bis zu diesem Zeitpunkt nur die kleine Welt eines Provinzdorfes kannte. Rückblickend können wir sagen, dass die Begegnung mit der Fokolar-Bewegung für Chiara ein Geschenk des Himmels war – und nicht nur für sie.

Könnte man sagen, dass ihr diese Bewegung durch eure Tocher kennengelernt habt? Warum habt auch ihr da mitgemacht?

Maria Teresa: Chiara hat sich vor uns dort engagiert, und sicher wünschte sie, dass auch wir mitmachten. Aber darüber hat sie nie gesprochen … Ich besuchte einige Veranstaltungen; von den Vorträgen verstand ich nicht sehr viel, doch ich spürte, dass diese Leute irgendwie anders lebten. Ich hätte es nicht in Worte fassen können, aber es gefiel mir. Ruggero, der die

Sache anfangs nicht gerade positiv sah, fragte, was ich da eigentlich mache. Ich konnte es ihm nicht recht erklären und zog es vor, nicht zu viel darüber zu reden. Ihn ärgerte es, dass ich Zeit verlor, statt ihm die Knöpfe wieder anzunähen, die sich gelockert hatten!

Ruggero: Tja, bestimmte Dinge begreifen Frauen einfach schneller …

Maria Teresa: Ich habe immer darum herum geredet, bis ich endlich verstand: Es kam darauf an, mich zu bemühen, Ruggero gerecht zu werden …

Einige Zeit vorher hattet ihr als Familie an einem internationalen „Familyfest" in Rom teilgenommen …

Ruggero: Ja, Adelina, die erste Frau aus unserem Dorf, die zur Fokolar-Bewegung gehörte, hatte uns eingeladen. Ich war davon eigentlich gar nicht angetan: Zugestimmt habe ich einzig deshalb, weil ich Chiara Rom zeigen wollte. Dieses Mal war ich derjenige, der schuld daran war, dass wir zu spät kamen. Wir waren in einer kleinen Pension untergebracht und kamen erst in der Halle an, als der Vortrag von Chiara Lubich schon fast vorbei war. Aber ich muss gestehen, dass die Atmosphäre dort auch mich beeindruckt hat. Ein Wort Jesu ist mir hängen geblieben: „Liebt einander, wie ich euch geliebt habe!" …

Maria Teresa: Für uns war es der Anfang eines Wegs mit vielen Etappen … Ich weiß noch gut, wie Ruggero einmal zu mir sagte: „Wir denken zu viel an diese Welt und zu wenig an den Himmel …"

Chiara hat sich sicher über diese Entwicklungen gefreut?

Maria Teresa: Ja, sehr … Heute können wir sagen, dass die Werte, die wir ihr als Eltern vermittelt hatten, durch die Begegnung mit der Fokolar-Bewegung eine neue Konkretisierung fanden und noch wichtiger für sie wurden.
Ruggero: Wie gesagt, war unsere Tochter ja von klein auf vertraut mit christlichen Werten; besonders Maria Teresa hatte versucht, ihr die Liebe Gottes nahezubringen …
Maria Teresa: Ja, das war für sie nichts Neues: In gewisser Weise war sie darauf vorbereitet, ihr Leben nach diesem Kompass auszurichten. Ich erinnere mich, wie Chiara bei einem Abendessen die kleine Ölflasche umfiel … Wir erwarteten schon Ruggeros übliche Reaktion, doch diesmal blieb er ganz ruhig. „Mama, wie hat Papa sich doch geändert!“, flüsterte mir Chiara mit großen Augen zu.
Ruggero (lächelt): Ja, in unserer Familie hatte sich tatsächlich etwas verändert; Jesu Liebe erneuert uns Tag für Tag …

Chiara hat also mit neun Jahren bei den „Gen“, wie sich die Kinder und Jugendlichen der Fokolar-Bewegung nennen, mitgemacht. Sie möchten ihr Leben in all seinen Aspekten im Sinne Jesu, als Ausdruck der Liebe gestalten; Chiara Lubich hat in dem Zusammenhang das Bild von den Farben des Regenbogens geprägt: Wie sich das weiße Licht in die verschiedenen Farben bricht, so vielgestaltig drückt sich die Liebe im Leben aus: Sie prägt und durchdringt alles, die Beziehungen zu Gott und den Menschen, den Umgang mit Geld und Besitz, mit der Natur, mit den Medien, mit Gesundheit und Krankheit … Wie war das für eure Tochter?

Maria Teresa: Am meisten kann dazu wohl ihre Freundin Chicca sagen …

Chicca: Chiara war ein sehr konkreter Typ, deshalb hat sie das Bild vom Regenbogen als Symbol echter Liebe sehr angesprochen … Schon in jungen Jahren war sie erstaunlich ordentlich und gut organisiert; sie legte viel Wert darauf, die verschiedenen Aspekte, die zum Leben gehören, ernst zu nehmen: die Freizeit wie das Gebet, das Lernen für die Schule wie den Sport, die Art, wie sich kleidete, wie sie versuchte, sich auf dem Laufenden zu halten …

Kurz, eine „perfekte" Christin?!

Maria Teresa: Natürlich hatte auch Chiara Momente, in denen sie bockig war oder einen Wutanfall bekam … Ich erinnere mich, wie sie einmal nach einer Diskussion ins Bad rannte, die Tür zuknallte und sich einschloss. Ich wartete erst einmal still ab, dann rief ich sie ein paar Mal, bis ich sie leise fragen hörte: „Was ist?" Auf meine Bitte hin öffnete sie die Tür. So ruhig wie möglich sagte ich zu ihr: „Wenn du möchtest, kannst du die Tür wieder schließen, aber schlag sie bitte nicht wieder zu!" Sie schaute mir in die Augen, riss sich mit aller Kraft zusammen und schloss die Tür leise hinter sich zu …

Ruggero: Ein andermal waren Maria Teresa und ich im Aufbruch; wir wollten zu einer Abendveranstaltung in der Pfarrei. Chiara saß am Tisch, vor ihr einige Blatt Papier und ein Malkasten. Wir sagten ihr, dass es spät geworden sei; jetzt sei es Zeit, zu Bett zu gehen. Sie schnaubte und warf den Malkasten auf den Boden. Leider hatten wir keine Zeit mehr, ihr die

Leviten zu lesen, wie sie es verdient gehabt hätte, doch am nächsten Morgen machte Maria Teresa ihr klar: Auch wenn sie diesmal glimpflich davon gekommen wäre, dürften sich solche Szenen nicht wiederholen …

Und du, Chicca? Wie hast du Chiara in dieser Hinsicht erlebt?

Chicca: Chiara war ein Mädchen wie andere auch, nur dass sie für ihr Alter ausgesprochen weit war. Sie hatte ein sonniges Gemüt und war zugleich eher zurückhaltend; sie war sanft und konnte doch auch sehr bestimmt sein, wenn sie sich für etwas entschieden hatte. Jedenfalls konnte man prächtig mit ihr auskommen; ich kann mich nicht erinnern, dass wir mal so richtig gestritten hätten. Wir haben einen Riesenspaß gehabt, wenn wir zusammen zum Schwimmen gingen oder unsere gigantischen Nuss-Nugat-Brote vertilgten … Und es war einfach schön, dann auch zusammen zum Gottesdienst zu gehen oder sich über ganz persönliche Dinge zu unterhalten. Mit den Jahren wurden unsere Gespräche tiefer und ernsthafter …

Maria Teresa: Was haben die beiden miteinander geredet! Einmal kam Chicca zum Übernachten zu uns nach Sassello; mitten in der Nacht hörte ich die beiden oben in der Mansarde immer noch reden und lachen. Da nahm ich den Besen und klopfte ein paar Mal gegen die Decke; nach wenigen Sekunden war es ruhig.

Maria Teresa und Ruggero, hattet ihr nie Meinungsverschiedenheiten, was die Erziehung eurer Tochter angeht?

Maria Teresa: Höchstens mal eine kleine Diskussion; und auch das nie, wenn Chiara dabei war. Dann haben wir uns einen wortlosen Blick zugeworfen – als Zeichen, dass wir später etwas unter uns zu besprechen hätten.
Ruggero: Das war für uns eine eiserne Regel: In ihrem Beisein wollten wir uns einmütig präsentieren, damit sie wüsste, woran sie war. Es scheint mir eine Grundvoraussetzung, dass die Eltern zumindest in den fundamentalen Erziehungsfragen mit einer Stimme sprechen.
Maria Teresa: Was nicht heißt, dass Ruggero und ich nicht diskutiert hätten – auch in Chiaras Gegenwart! In solchen Momenten mischte sie sich nicht ein. Wenn sie sah, dass ich nach einer Auseinandersetzung unglücklich oder vielleicht sogar verletzt war, wandte sie sich vorsichtig an Ruggero und fragte ihn, warum er sich so oder so verhalten habe; gegebenenfalls bat sie ihn, das nicht wieder zu tun … Sie litt sehr, wenn Ruggero und ich uns stritten.

Ruggero, fühltest du dich manchmal von den beiden Frauen „in die Zange genommen"?

Ruggero: Ein bisschen schon; manchmal gab es eine Art strategisches Bündnis zwischen den beiden, aber nicht so sehr, um mich auszustechen. Es kam auch vor, dass Maria Teresa Chiara ein verstecktes Zeichen gab, zum Beispiel damals *(er schaut Maria Teresa an)*, als du ihr einen sanften Tritt gegeben hast, damit sie sich etwas behutsamer ausdrückte …
Maria Teresa: Wir saßen beim Abendessen, und es war eine ziemlich lebhafte Diskussion entbrannt; soweit ich mich entsinne, ging's um Politik *(sie lächelt)*. Ich fürchtete, Ruggero könne richtig in Rage geraten, und so habe ich Chiara unterm

Tisch ein paar sanfte Tritte gegeben, damit sie begriff, dass es besser wäre, nicht so auf ihrer Position zu beharren.
Ruggero: Solche versteckten Zeichen konnte Chiara jedoch überhaupt nicht leiden!
Maria Teresa: Ja; sie platzte sofort lautstark heraus: „Und du, Mama, hörst auf, mir diese Tritte zu geben! Was ich zu sagen habe, das sage ich auch! Außerdem hast du selbst mir beigebracht, dass blinder Gehorsam dumm ist!"
Ruggero: Maria Teresa hatte es nur gut gemeint …
Maria Teresa (lacht): Einmal kam Chiara zu mir und sagte: „Mama, vergiss nicht, dass *du* ihn geheiratet hast, nicht ich! Du bist diejenige, die das ganze Leben mit ihm verbringen muss!"

An Chiara hat mich immer schon beeindruckt, dass sie so gar nichts von einem „typischen Einzelkind" hatte. Wie habt ihr das hinbekommen? Offenbar habt ihr es geschafft, sie nicht zu gängeln und euch auch nicht an sie zu klammern …

Maria Teresa: Chiara hat sich gut entwickelt; sie hat uns viel Freude gemacht. Aber es war uns auch sehr bewusst, dass sie nicht nur „unsere" Tochter war: Wir spürten, dass sie vor allem ein Kind Gottes war. In diesem Bewusstsein wollten wir sie großziehen und ihre Freiheit achten. Das heißt natürlich nicht, dass sie machen konnte, was sie wollte; doch sie sollte sich immer geliebt wissen. Dies sollte nie infrage stehen, auch nicht, wenn wir sie zurechtweisen oder ihr etwas verbieten mussten.
Ruggero: Ich muss gestehen, dass ich mich, ängstlich wie ich war, nicht leicht getan habe, ihr die nötige Freiheit zu las-

sen … Maria Teresa und Chiara selbst haben mir in dieser Hinsicht sehr geholfen … Es half mir auch, mich zu fragen, was Gott wohl in diesem Augenblick von mir möchte, und möglichst gut in der Gegenwart zu leben. Außerdem konnten wir uns, wie gesagt, wirklich auf Chiara verlassen; sie hat nichts verschwiegen …

Hatte Chiara auch Kontakt zu zerrütteten oder krisengeschüttelten Familien? Wie ging es ihr damit?

Maria Teresa: Dazu kann ich dir nicht viel sagen … Nur ein Beispiel: Eine Freundin von ihr kam aus ganz schwierigen familiären Verhältnissen, in vielerlei Hinsicht. Chiara hat sie geradezu „adoptiert" und sich ihrer angenommen; sie ging ihr ganz konkret zur Hand und versuchte ihr zu helfen, besser in die Klassengemeinschaft hineinzukommen. Dabei legte sie größten Wert darauf, dass sich ihre Freundin dadurch nicht gedemütigt fühlte. Deshalb hat sie auch uns gegenüber nur ganz wenig über deren Probleme gesprochen … Ach ja, einmal, als es in der Grundschule Kopfläuse gab, hat sie uns erzählt, dass ihre Freundin auch betroffen sei; Chiara war ganz traurig, dass sie selbst keine Läuse hatte; sonst, so meinte sie, wäre es ihrer Freundin bestimmt leichter gefallen. Und dann hat sie mich überredet, zusammen mit ihr die Freundin zu besuchen, und unter einem Vorwand bat sie mich, beide gründlich zu untersuchen und beiden mit einem Spezialshampoo die Haare zu waschen – nur um zu sagen, wie sensibel und einfühlsam Chiara war.
Ruggero: Und als sie selbst auch Läuse eingefangen hatte, musste sie es gleich voller Freude ihrer Freundin berichten!

Chiara hatte keine Berührungsängste, auch nicht gegenüber Leuten, die im Dorf weniger angesehen waren, nicht wahr?

Maria Teresa: Ja, das ist richtig. Ein Beispiel aus der Zeit, als sie schon krank war. Wenn ich von der Kirche nach Hause kam, fragte sie mich, wen ich getroffen hätte. Für sie war es in der Zeit der Krankheit eine Weise, sich als Teil einer Gemeinschaft zu fühlen. Eines Tages sagte ich ihr, ich hätte die Frau Soundso getroffen; Chiara kannte sie gut. Sie hatte keinen guten Ruf im Dorf; sie war immer recht ungepflegt und verströmte keinen guten Geruch ... In der Kirche sang sie aus voller Kehle – und oft falsch. Nun, an jenem Abend bat mich diese Frau, ich solle mich zu ihr setzen, doch ich winkte ab. Als ich das Chiara erzählte, sah sie mich ernst an und fragte: „Hast du das wirklich getan, Mama?" Reichlich verlegen musste ich es bestätigen. Darauf Chiara: „Aber Mama, wenn es der Bürgermeister gewesen wäre, hättest du dich nicht so verhalten, oder?" Ich habe mich sehr geschämt; ich hatte einfach nicht gedacht, dass wir alles, was wir einem anderen tun, Jesus getan haben, wie es im Evangelium heißt ... Chiara behandelte alle gleich ...
Ruggero: Auch die Frau, die sie im Dorf abfällig „die Bärtige" nannten ...
Maria Teresa: Ja; unsere Tochter war die Einzige, die stehen blieb, ihr zuhörte und ihr half, wenn sie sie unterwegs traf. Stell dir vor, am Tag von Chiaras Begräbnis hat diese Frau ihr bestes Kleid angezogen, sich zur Kirche bringen lassen und ganz vorn Platz genommen, obwohl sie seit ihrer Kindheit nicht mehr in der Kirche war. Sie spendete der Pfarrei 50 000 Lire, für sie eine große Summe! Ich habe erfahren, dass sie es aus Dankbarkeit für unsere Tochter getan hat; denn nur Chiara habe sie „Signora Maria" genannt ...

In Chiaras Freundeskreis waren längst nicht alle gläubige oder gar praktizierende Christen …

Maria Teresa: Bevor Chiara erkrankte, ging sie abends oft mit ihren Freundinnen und Freunden aus; sie trafen sich im Dorfcafé, in der „Bar Gina", die Giuliano, einem ihrer Freunde, gehörte. In diesem Kreis waren viele, die keinen oder kaum einen Bezug zum Glauben hatten; jedenfalls interessierten sie sich wenig für alles, was mit Gott und dem Glauben zu tun hat. Wenn Chiara heimkehrte, fragte ich sie schon mal, ob sie mit den anderen auch über Gott spreche. Sie antwortete immer: „Nein"; Gott müsse man nicht mit Worten zu den anderen bringen, sondern durch das Sein. Ich verstand das zuerst nicht … Wenn ich einwandte, dass es vielleicht doch die eine oder andere Gelegenheit geben könnte, erwiderte sie ganz entschieden: „Mama, es geht darum, Gott zu bringen, nicht darum, von ihm zu reden!" Ihn bringen – dadurch, dass ich den anderen mit offenem Ohr und Herzen begegne, in einer hörenden Haltung, durch die Art und Weise, wie ich mich kleide, vor allem durch die Art und Weise, wie ich liebe …

Ruggero, kam dir manchmal der Gedanke: Irgendwann wird Chiara ihrer Wege gehen und heiraten!? Diese Ablösungsprozesse, dieses „Verlieren" der Kinder ist ja für die Eltern alles andere als leicht …

Ruggero: Das kann ich nicht mehr sagen; ich glaube schon, dass mir solche Gedanken gekommen sind, aber es lag ja noch in weiter Ferne. Die Beziehung mit Chiara war jedenfalls außerordentlich schön, auch wenn ich manchmal etwas brummig und streng war. Ich habe einfach versucht, mich auf das zu konzentrieren, was jetzt dran war, und solche Gedanken an die Zukunft beiseitezuschieben. Das habe ich durch Chiara Lubich gelernt. Im Übrigen habe ich mir eigentlich keine Sorgen gemacht, dass ich sie einmal ganz verlieren könnte; ich wusste ja, wie sehr sie an Maria Teresa und mir hing.

Maria Teresa: Einmal ist ihr herausgerutscht, dass einer aus dem Dorf, so ein Don-Giovanni-Typ, der um einiges älter war als sie, offenbar ein Auge auf sie geworfen habe. Ruggero meinte daraufhin: „Chiara, mach dir keine Sorgen, wenn er es wagen sollte, dir zu nah zu kommen, kriegt er es mit mir zu tun!"

Wie hättet ihr reagiert, wenn Chiara eine feste Beziehung eingegangen wäre? Was hättet ihr eurer Tochter gesagt?

Ruggero: Ich kann nur wiederholen, dass wir volles Vertrauen zu ihr hatten. Ihr selbst war dies ganz wichtig. Dann aber sollten wir uns auch nicht in ihr Leben einmischen; das haben wir auch nicht.

Maria Teresa: Einmal war sie mit einigen Jungen und Mädchen aus dem Dorf am Monte Beigua zelten. Ganz wohl war uns nicht dabei, aber wir haben sie gelassen. Als sie weg waren, merkte ich, dass sie das Fleisch vergessen hatten; sie wollten doch grillen! Ruggero war einverstanden, dass wir es ihnen brächten. Als wir den Platz gefunden hatten, riefen wir sie aus einiger Ferne, um es ihr möglichst unauffällig zu geben. Ihre Freunde sahen uns und luden uns gleich ein, zum Essen zu bleiben. Doch Chiara war uns gegenüber ganz kühl: Offenbar meinte sie, wir wären nur gekommen, um sie zu kontrollieren … Jetzt, da sie im Himmel ist, wird sie wissen, dass dies wirklich nicht unsere Absicht war!

Wenn Chiara nicht krank geworden wäre, hätte sie wohl geheiratet. Hat sie sich ausgemalt, wie es wäre, verheiratet zu sein und Kinder zu haben? Habt ihr euch einmal darüber unterhalten?

Maria Teresa: Nicht dass ich wüsste. Ich nehme an, dass sie viele Kinder gewollt hätte. Aber sie war noch zu jung, um sich darüber viele Gedanken zu machen. Doch wenn das Thema Familie und Kinder zur Sprache kam, konnte man ihr regelrecht ansehen, wie sie auflebte! Vielleicht hat sie mit Chicca mehr darüber gesprochen?
Chicca: Ja, manchmal haben wir uns ausgemalt, wie das sein würde. Es war ganz klar, dass sie einmal heiraten wollte, und ich wüsste nicht, dass sich daran jemals etwas geändert hätte …
Ruggero: Wenige Tage, bevor sie starb, hat jemand sie gefragt, ob sie ihr Leben auch förmlich Gott weihen wolle – in Form von Gelübden wie die Fokolarinnen (die sie kannte). Doch sie sagte nein. Sie spürte, dass sie ihre Berufung verwirklicht hatte, so wie sie war, in einer tiefen geistlichen Verbindung, ihrer „Vermählung" mit Jesus.

Chiaras Jugendzeit fällt in die 80er-Jahre, eine von Wohlstand und Karrieredenken geprägte Zeit, die Zeit eines Ronald Reagan, die Zeit der Yuppies … Welche politischen Ereignisse insbesondere der späten 80er-Jahre haben Chiara beschäftigt? Nur ein paar Stichworte: Saddam Hussein, der Platz des Himmlischen Friedens in Peking, der Fall der Mauer, das dramatische Ende des Ceaușescu-Regimes in Rumänien …

Maria Teresa: Ich weiß noch, wie sie einmal sagte, dass Saddam Hussein, so schlimm er auch sei, nicht hingerichtet werden dürfe; Gott allein wisse, was in seinem Herzen vorgehe. Ich nehme an, dass sie im Fall von Ceaușescu und anderen Diktatoren ähnlich dachte. Die Vorkommnisse auf dem Platz des Himmlischen Friedens machten sie tief betroffen, so sehr, dass sie darüber – wie übrigens auch über den Mauerfall – einen Aufsatz geschrieben hat. Aber sie beschäftigte sich auch mit anderen Dingen, zum Beispiel verfolgte sie aufmerksam den Weltjugendtag in Santiago de Compostela. Das alles war 1989, als Chiara schon schwer krank war. Manche dramatischen Entwicklungen fielen in Phasen, in denen sich ihr Zustand akut zuspitzte. Sie versuchte, ihren Schmerz „fruchtbar" werden zu lassen, ihn von Gott her anzunehmen und „aufzuopfern" für die Hoffnungen und das Leid der Menschen in aller Welt. Und was das Böse angeht, das die Nachrichten beherrschte, hielt sie sich an den Grundsatz, dass die Sünde zu verurteilen sei, nicht aber der Sünder.
Chicca: Unter uns Gen [den Jugendlichen der Fokolar-Bewegung] sprachen wir viel über die politischen Ereignisse dieser Zeit, wie alle verfolgten wir gebannt die Entwicklungen; auch Chiara nahm daran lebhaft Anteil: Wir waren immer in Kontakt, teilten uns gleich die Neuigkeiten mit, um teilzuhaben an dem, was in der Welt passierte. Doch wir wollten nicht beim Vordergründigen stehen bleiben und versuchten, selbst in wirklich traurigen Entwicklungen auch die andere Seite zu erkennen, die Chancen, das verborgene Wirken Gottes in der Geschichte … Chiara hatte einen wachen Blick für die positiven Zeichen, für Zeichen der Hoffnung; sie sah die Welt auf die Einheit der Völker und Nationen zugehen und glaubte an das Miteinander der verschiedenen Religionen. Geprägt von Chia-

ra Lubich und ihrer Vision einer geeinten Welt sah sie darin das Ziel, die Berufung der Menschheit – so, wie Gott sie sich von jeher „gedacht" hat. Aus dieser Warte war für sie der Fall der Berliner Mauer sinnbildlich. Im Sommer 1990, in den Monaten vor ihrem Tod, zog sie oft ein T-Shirt mit einer Zeichnung von Walter Kostner an, auf der zwei Gestalten eine Mauer niederreißen: Wir Gen liebten dieses Shirt, weil es ohne Worte zeigte, dass wir eine Welt ohne trennende Mauern wollen! Sogar als Chiara nicht mehr laufen konnte und ans Bett gefesselt war, verfolgte sie noch aufmerksam alles, ja sie war gewissermaßen der Motor, der im Verborgenen viele Aktionen und Initiativen der Jugendlichen im Umfeld der Fokolar-Bewegung am Laufen hielt … Ein Wort von Chiara Lubich war für uns wegweisend: „Für halbe Sachen zu leben ist einfach zu wenig für junge Menschen. Wir haben doch nur ein Leben, und wir sind für große Dinge geschaffen; Gott stellt uns etwas wirklich Großes vor Augen, an euch liegt es, es zu ergreifen!" Dieses Wort drückt vielleicht am besten die Erfahrung aus, die Chiara Luce in diesen Tagen und Wochen gemacht hat …

Ein anderes Thema: Chiara und die neuen technischen Möglichkeiten. War sie ein Computerfan? Wie stand sie, die so sehr die Natur liebte, zu der technischen Revolution dieser Jahre? Fand sie das gut oder nicht?

Ruggero: Damals waren die Computer bei weitem nicht so verbreitet wie heute; Chiara hat nie einen gehabt. Sie hatte auch kein allzu großes Interesse daran: Ihr Herz hing an der Natur; sie hatte einen solchen Sinn, einen solchen Blick selbst für die kleinsten Dinge und machte auch uns immer wieder darauf aufmerksam: auf eine Blume, die aufkeimte, auf das Sprießen der Bäume, auf den Wechsel der Jahreszeiten …

Maria Teresa: Jedes Jahr erwartete sie sehnsüchtig die Rückkehr der Schwalben, und am Ende des Sommers sah sie traurig zu, wie sie wegflogen … Als sie einmal einen Schwarm beim Flug in den Süden beobachtete, sagte ich ihr, sie solle nicht traurig sein; im Frühjahr kämen sie doch wieder. „Ja", entgegnete sie, „aber nicht alle: Die eine oder andere wird es nicht schaffen zurückzukehren."

Ruggero: Alles in der Natur hat sie fasziniert. Auch die Geheimnisse …

Maria Teresa: Tiere mochte sie leidenschaftlich gern. Zu Hause hatten wir fast immer einen Kanarienvogel. Einen liebte sie ganz besonders: ihren Bustichino. Sobald er hörte, dass der Schulbus kam, fing er an, für Chiara zu singen – und ich wusste, dass es Zeit war, die Nudeln ins kochende Wasser zu tun!

Chiara hatte sich entschieden, aufs humanistische Gymnasium zu gehen. Doch die Italienischlehrerin ließ euch rufen, um euch mitzuteilen, dass Chiara ihrer Meinung nach nicht dafür geeignet sei.

Maria Teresa: Ja; wir hätten nicht gedacht, dass sie sich so entschieden dagegen aussprechen würde. Natürlich haben wir daraufhin mit Chiara gesprochen: Sie sollte noch einmal darüber nachdenken, welche Konsequenzen es haben könnte, wenn sie auf ihrer Entscheidung beharrte.

Ruggero: Sie war ganz still; ich glaube, sie hat gespürt, dass wir sie freiließen: Die Entscheidung musste sie selbst treffen.

Maria Teresa: Und sie entschied sich, die Schule nicht zu wechseln. Oft werden wir von anderen Eltern auf das Thema Erziehung angesprochen. Nun, wir sehen die Aufgabe der Eltern einfach darin, den Kindern in ihrer Entwicklung zu helfen; Zurechtweisungen gehören dazu, doch am wichtigsten ist, dass die Liebe, die allem zugrundeliegt, bei den Kindern ankommt. Dann spüren sie auch die Freiheit, die damit untrennbar verbunden ist, und sie fangen selber an nachzudenken ...
Ruggero: Nicht dass man uns falsch versteht: Wie Maria Teresa schon sagte, wollen wir niemanden belehren ... Wir können nur von unserer Erfahrung berichten.
Maria Teresa: Und wir fühlen uns allen Eltern verbunden, die heutzutage Kinder erziehen. Vieles ist komplizierter geworden, und manchmal ist es gar nicht leicht zu verstehen, was den Kindern dient und was nicht. Ich glaube, dass es umso wichtiger ist, den Blick auf den zu richten, der wie kein anderer unser „Lehrer und Meister“ ist: auf Jesus, und dann entsprechend zu handeln, indem man versucht, alles aus Liebe zu tun.

Wie habt ihr reagiert, als Chiara das Klassenziel verfehlt hat?

Maria Teresa (lacht): Wir haben versucht, die Sache zu entdramatisieren.
Ruggero: Wir wussten, dass Chiara sich alle erdenkliche Mühe gegeben hatte. Es war ein hartes Jahr für sie gewesen; ihre Italienischlehrerin schien alles daranzusetzen, es ihr noch schwerer zu machen, als es sowieso schon war!
Maria Teresa: Aber Chiara hat sich trotzdem bemüht, auch diese Lehrerin als eine Nächste zu sehen, die es zu lieben galt; auch in ihr wollte sie, wie sie es mit allen machte, „Jesus sehen“

[nach seinem Wort: „Was ihr für einen meiner geringsten Brüder getan habt, das habt ihr mir getan", Mt 25,40]. Einige Male hat sie mir gesagt, dass sie während des Unterrichts der Lehrerin direkt in die Augen schaute – um ihr begreiflich zu machen, wie sehr sie unter dem Unrecht litt, das die Lehrerin ihr nach ihrem Eindruck gerade wieder zugefügt hatte. Aber das funktionierte selten. Oft kam sie richtig niedergedrückt von der Schule nach Hause; dann habe ich versucht, sie meine ganze Liebe und mein Mitgefühl spüren zu lassen.

Ruggero: Diese Momente der Niedergeschlagenheit hielten allerdings nicht lange an; für Chiara waren auch diese schmerzlichen Erfahrungen eine Gelegenheit, Gott ihr Ja zu sagen: ihm, der für uns Mensch geworden und gestorben ist, dem gekreuzigten und verlassenen Jesus. Ihn hatte sie ja als ihr Lebensideal erwählt.

Maria Teresa: Ja, Jesus am Kreuz, der sogar von seinem Vater im Himmel verlassen schien … Ihn wollte sie lieben … In dem, was sie gerade durchlebte, ihn, diesen „leidenden Gott" lieben, das war ihr Geheimnis, eigentlich immer …

Ruggero: Zu der Italienischlehrerin möchte ich noch sagen, dass die Beziehung zu ihr nicht zerbrochen ist; auch Chiara hat keinen Groll ihr gegenüber gehegt.

Maria Teresa: Zu lieben zahlt sich am Ende immer aus. Stell dir vor, Franz, bei Chiaras Begräbnisfeier, in der Kirche „Zur göttlichen Liebe", war auch sie, und sie ist sehr bewegt auf uns zugekommen. Fast hätte ich sie nicht erkannt, auch weil ich mir nicht hätte vorstellen können, dass sie käme. Ich war verwundert und froh zugleich; dass sie da war, sagte sehr viel …

Wichtig in Chiaras Leben war Luca, ihr „Freund", wenn man es so nennen kann. Die Medien haben sich ausführlich darüber ausgelassen; es kursierte auch mancher Unsinn … Wie habt ihr Chiaras Verliebtsein erlebt?

Maria Teresa: Es ist vorauszuschicken, dass Chiara ihn anfangs äußerst unsympathisch fand. Er war ein attraktiver Junge aus Sassello und ging wie Chiara in Savona zur Schule. Wenn er seinen Hund ausführte, kam er oft an unserem Haus vorbei. Einmal sah Chiara ihn dabei vom Balkon aus und meinte nur: „*Mamma mia*, für wen hält der sich eigentlich?" Doch dann haben sich ihre Empfindungen verändert …

Ruggero: Uns gegenüber hat sie nicht viel von Luca gesprochen. Wir wussten, dass sie ihn sehr gern hatte, aber man kann nicht sagen, dass sie unsterblich in ihn verliebt gewesen wäre.

Chicca: Das ist auch mein Eindruck. Ich glaube, es war eine der typischen Teenager-Geschichten: Man ist halt mal in jemanden „verknallt". Auch wir haben nicht groß darüber geredet. Das lag auch daran, dass ich in der Zwischenzeit nach Turin gezogen war; wenn wir uns dann sahen, hatten wir nie viel Zeit, und es gab Wichtigeres zu bereden!

Maria Teresa: Sehr bald hatte Chiara einige Zweifel, ob Luca der Richtige für sie wäre. Eines Abends, als sie zusammen im Dorfcafé gewesen waren und er sie nach Hause begleitete, sagte sie ihm, dass Schluss sei. Luca versuchte sie umzustimmen, aber sie blieb dabei. Sie nahm den Ring ab, den er ihr geschenkt hatte, und gab ihn ihm zurück. Als er ihn nicht annehmen wollte, hat sie ihn in die Wiese geworfen.

Ruggero: Doch die Sache ist nicht so geendet: Später schrieb Luca Chiara einen Brief.

Maria Teresa: Chiara hat ihn mir kurz vor ihrem Tod gezeigt, gewissermaßen zum Zeichen, dass es zwischen uns keine Geheimnisse geben sollte … Sie fragte mich, was ich darüber dächte. Es war ein ausgesprochen schöner Brief, man spürte eine große Ernsthaftigkeit. Ich sagte Chiara, dass er mich richtig berührt habe und dass ich Luca vielleicht ein wenig unterschätzt hätte. Darüber hat sie sich sehr gefreut.
Ruggero: Einige Zeit nach ihrem Tod haben wir uns mit einem befreundeten Journalisten getroffen, der dabei war, ein kleines Lebensbild von Chiara zu schreiben. Wir hielten es für angebracht, Luca zu informieren. So kam er zu uns; anfangs wusste er nicht recht, was er sagen sollte …
Maria Teresa: … und dann wurde es eine tiefe, bewegende Begegnung. Unter Tränen sagte er, er könne ja so gut nachfühlen, was der Tod unserer Tochter für uns bedeute; auch er habe eine wunderbare Freundin verloren. Er erzählte auch, dass sie sich ein einziges Mal geküsst hätten, draußen auf einer Wiese, während aus dem Fenster eines Nachbarhauses die Klänge von *Perdere l'amore* [Die Liebe verlieren] zu hören waren, das Massimo Ranieri gerade beim Festival von Sanremo sang.

Chiara hat sich nie gern in den Vordergrund gestellt; sie redete eher wenig, und sie mochte es gar nicht, wenn sie im Mittelpunkt stand …

Maria Teresa: Ja, vor allem im Fokus bestimmter Blicke … Deshalb achtete sie auch darauf, wie sie sich kleidete. Ich weiß noch, wie wir einmal zusammen in Savona waren, um etwas Neues für sie zu kaufen. In einem Schaufenster sah sie eine ausgesprochen hübsche blaue Kombination mit weißen Tupfern; also ging sie in den Laden, um sie anzuprobieren. Als sie aus der Umkleidekabine kam, sah sie mich fragend an: Wie ich es wohl fände? Ich bemerkte sofort, dass der Rock ganz schön kurz war, aber es war nicht zu übersehen, dass es ihr richtig gut gefiel, und so sagte ich nichts. Es stand ihr ja auch wirklich gut! Da wandte sich die Verkäuferin zu ihr, schaute uns lächelnd an und meinte: „Ja, wenn sie es sich nicht erlauben kann, wüsste ich nicht, wer das anziehen könnte!“ Chiara lächelte zurück, zog sich um, legte die Bluse und den Rock auf die Theke und sagte zur Verkäuferin: „Danke, ich nehme nur die Bluse.“

Kommen wir zu einem anderen Thema, zur Politik. Wie war Chiaras Einstellung?

Ruggero: Bei Tisch sprachen wir manchmal über die Politik, und wir waren nicht immer derselben Meinung. Wir diskutierten nicht so sehr über allgemeine Richtungsfragen, sondern öfter über unsere Meinungen zu konkreten Fragen. Die Chance, wählen zu gehen, hat sie nie gehabt.
Maria Teresa: Wenn sie bestimmte Forderungen für richtig hielt, beteiligte sie sich auch schon mal mit ihren Klassenkameraden an einem „Streik“. Man muss aber auch sagen, dass politische Themen nicht Chiaras große Leidenschaft waren; wenn sie mitmachte, dann eher, um nicht abseits zu stehen.

Wie sah Chiara, bevor sie erkrankte, den Tod?

Maria Teresa: Der Tod hat ihr nie Angst gemacht. Die erste „Begegnung mit dem Tod“, wenn man es so nennen kann, war der Tod ihrer geliebten Großmutter. Es war ein harter Schlag, ein schmerzlicher Verlust, und doch hat Chiara es ziemlich ruhig genommen und nicht einmal geweint. Sie wusste die Oma „im Himmel“ und hat sogleich eine neue Beziehung zu ihr gesucht, indem sie sie bat, ihr hier unten zu helfen, gerade in den Schwierigkeiten, die sie zu der Zeit hatte, in ihren Unsicherheiten im Blick auf die Zukunft …

Ein Schock – und eine ungeahnte Kraft

Wenn Leid und Schmerz unser Leben treffen, werden wir von Empfindungen übermannt, die je nach den Umständen variieren können. Wir kämpfen dagegen an oder versuchen zu verdrängen; wir hadern mit dem Schicksal, wir schreien unsere Verzweiflung hinaus oder geben uns erschöpft der Verzweiflung hin …
Die Art und Weise, wie Chiara Luce Badano und ihre Familie mit dem Leid umgegangen sind, sprengt das Gewohnte. Ihre Erfahrung war dadurch nicht weniger schmerzlich, der Weg war nicht leichter, und doch steckt darin etwas, das staunen lässt und nur schwer in Worte zu fassen ist. Vielleicht ist der entscheidende Punkt, gegen den Schmerz nicht nur anzukämpfen, sondern ihn als eine Gelegenheit zu sehen, die es zu ergreifen gilt. Chiara Luce hat dies getan, mehr noch: Sie hat gezeigt, dass dies gar nicht so verrückt ist, wie man meinen möchte …

Was eurer Tochter widerfahren ist, könnte man mit einem Tsunami vergleichen: Man diagnostizierte bei ihr eine der schlimmsten Tumorerkrankungen, ein Osteosarkom [ein Knochenkrebs]. Wie habt ihr reagiert, als man euch im Krankenhaus den Befund mitteilte?

Maria Teresa: Ich hatte buchstäblich den Eindruck, ich würde sterben. Mein Kopf dröhnte. Ich spürte, dass ich mir selber

Mut machen musste; denn jeden Augenblick würde Chiara kommen, und ich wollte doch für sie da sein. Aber ich war so geschockt, dass meine Beine zitterten; ich habe mich an Ruggero festgehalten: Wir haben uns umarmt und Gott um Kraft gebeten, damit wir unser Ja sagen könnten. Bei uns waren übrigens deine Mutter, Franz, und ein anderer Freund.

Ruggero: Ich weiß nicht, wie wir diese Bitte ausgesprochen haben, ich glaube, wir haben es ganz verstohlen gesagt, gewissermaßen in der bangen Sorge, Jesus könnte uns beim Wort nehmen …

Maria Teresa: Aber wir haben ihm gesagt, dass wir mit seiner Hilfe unser Ja geben wollten. Und dann haben wir alle Kraft zusammengenommen und Chiara der Muttergottes anvertraut.

Ruggero: Heute, im Abstand von einer Reihe von Jahren, können wir sagen, dass sie uns wirklich erhört hat; ja, von diesem Moment an, so können wir sagen, hat Maria Chiara – und uns auch – wirklich an die Hand genommen, bis zum Ende.

Dann folgten jene 25 Minuten, in denen Chiara sich der ganzen Schwere ihrer Erkrankung bewusst wurde und am Ende ihr „Ja" gesagt hat … – ein Ja zu dem, was Gott von ihr verlangen würde. Es war ein endgültiges Ja; das Ringen, das ihm vorausging, können wir höchstens erahnen. Habt auch ihr so eine Zeit durchlebt?

Ruggero: Bei uns waren es keine 25 Minuten, sondern zwei, drei unterschiedliche Phasen, in denen wir allmählich begriffen, dass die Situation weitaus schlimmer war, als wir gedacht hatten; es ist uns erst mit der Zeit so richtig bewusst geworden.

Maria Teresa: Einen dieser Momente habe ich an dem Morgen durchlebt, als Chiara von ihrer ersten Chemotherapie zurückkehrte. Nach der ersten OP musste man 20 Tage warten, damit sie sich so weit erholte, dass die Therapie beginnen konnte. Wir hatten ihr noch nichts Genaues über ihre Erkrankung gesagt; doch spätestens mit dem Beginn der Chemo würde sie den Ernst der Lage begreifen. Deshalb wollte ich unbedingt bei ihr sein, doch Jesus hat wohl andere Pläne gehabt: Eine Venenentzündung zwang mich ins Bett. So sind Ruggero und Adelina mit Chiara gefahren. Ich war ganz schön wütend auf Jesus, anfangs jedenfalls. Doch langsam, aber sicher kehrte der innere Friede wieder. Da habe ich zu Jesus gesagt: „Nun gut, ich will versuchen, meinen Teil so gut wie möglich zu machen, und darauf vertrauen, dass du bei Chiara bist, wenn ich nicht bei ihr sein kann. Und du vermagst es bestimmt besser als ich!“ Das war so ein Moment, in dem ich merkte, dass auch ich ihm mein Ja zu sagen hatte.
Ruggero: In der Folge gab es viele weitere Momente, in denen Chiara und wir ein neues Ja sagen mussten. Manchmal hilft es, es gemeinsam auszusprechen, weil man es alleine einfach nicht schafft. Chiara war darin sehr viel tapferer als wir …
Maria Teresa: Ich glaube, dass diese 25 Minuten für Chiara ein Moment der völligen Einsamkeit mit Gott waren, während wir das Glück hatten, uns gegenseitig stützen zu können und solche Momente miteinander zu leben, unter uns als Paar und gemeinsam mit Chiara.
Sehr hilfreich war für uns auch die Unterstützung durch die Fokolar-Bewegung; viele haben mit uns mitgelitten und uns geholfen, unseren Schmerz zu tragen.

Ruggero, du hast mir einmal erzählt, dass du in diesen Tagen mal durchs Schlüsselloch in Chiaras Zimmer gespäht hast …

Ruggero: Ja, die Szene verdeutlicht ganz gut die Atmosphäre damals bei uns. Nachdem Chiara diesen entschlossenen Schritt getan hatte, war sie erstaunlich gelöst; das hat uns enorm geholfen. Aber eigentlich konnte ich es nicht glauben, dass sie trotz allem so guter Dinge schien. War das etwa nur gespielt, weil sie es uns nicht noch schwerer machen wollte? Weil ich das wissen wollte, habe ich einmal einen Blick durchs Schlüsselloch geworfen, um zu sehen, ob sie auch so wäre, wenn sie allein war. Und tatsächlich, sie lag auf ihrem Bett und wirkte froh wie immer. Mir ist da klar geworden, dass Jesus ihr offenbar eine ganz besondere Gnade schenkte, das alles so annehmen zu können. Und etwas davon ist auch auf uns übergeströmt …
Um nicht missverstanden zu werden: Später war es mir immer wieder einfach unbegreiflich, wie Chiara so guter Dinge sein konnte; doch an jenem Tag war ich sicher, dass sie wirklich *mit* Jesus lebte.

Mir selbst erging es ähnlich. Es war ganz und gar außergewöhnlich, wie sie den Kreuzweg ihrer Erkrankung gegangen ist. Nur in ganz wenigen Momenten sah man, wie sie litt; denen, die mit ihr zusammen waren, vermittelte sie eine echte, tiefe Freude. Mir erschien das heldenhaft … Auch dass sie an einem gewissen Punkt keine Schmerzmittel haben wollte, die ihr Bewusstsein trübten, „weil sie Jesus näher sein wollte“ … Bei ihr aber wirkte das alles geradezu „normal“, wie die logische Folge einer Beziehung, einer göttlichen Wirklichkeit, etwas, das jedes Leiden überstieg, etwas

Mystisches, sofern man das sagen kann, etwas, wonach sich wohl jeder sehnen würde …

Maria Teresa: Ja, es war irgendwie „normal"; nicht zufällig kommt uns so oft das Wort „Normalität" über die Lippen, wenn wir von Chiara erzählen …
Ruggero: Vor einiger Zeit erzählte Stefania, eine ihrer Freundinnen, wie sie Chiara im Krankenhaus besuchte. Als sie ins Krankenzimmer trat, kam Chiara gerade zurück, die Haare ganz mit Schokolade beschmiert. Sie erklärte, jemand habe ihr eine Packung mit Schokoladentäfelchen geschenkt, und sie habe sie einem Jungen von ihrer Station, der im Rollstuhl saß, bringen wollen. Auch sie hatte eines genommen – die Schokolade war in ihrer Hand geschmolzen –, dann war sie mit der Hand durchs Haar gefahren – und da hatte sie die Bescherung … Stefania sagte, sie hätten sich vor Lachen nicht mehr eingekriegt!
Maria Teresa: Ja, Chiara hat keine Gelegenheit zu lachen ausgelassen, und statt um sich zu kreisen, hat sie darauf geachtet, was den anderen guttat.

Ich habe gelesen, was eine Krankenschwester, die seinerzeit im Turiner Krankenhaus Regina Magherita arbeitete, über Chiara erzählt hat. Loredana, so ihr Name, berichtet, dass ihr Krankenzimmer sehr ordentlich gewesen sei und dank verschiedener kleiner Dinge, die sie von zu Hause mitgebracht hatte oder die ihr geschenkt wurden, eine ganz persönliche Note bekam. Sie erinnerte sich noch an die Amaretti, die Ruggero ihr hin und wieder aus Sassello mitbrachte, an die herzliche, unaufdringliche Art von Chiara und euch beiden, an ihre Bücher, die Briefe und kleinen

Zettel, die sie ständig schrieb … Manchmal, wenn die Krankenschwester ins Zimmer kam, fand sie euch mit dem Rosenkranz in der Hand. Besonders beeindruckt war sie, wie ihr auch die schlechten Nachrichten relativ ruhig aufgenommen habt …

Maria Teresa: Ja, Chiara versuchte, alles aus der Hand Gottes zu nehmen, als Ausdruck seines Willens – für sich selbst und für uns. Und sie bemühte sich, ihn mit Freude anzunehmen.
Ruggero: Einmal, als wir zusammen einen Betrachtungstext von Chiara Lubich gelesen hatten und wie üblich unsere Eindrücke austauschten, sagte Chiara, wenn wir so vereint seien, wären wir die glücklichste Familie der Welt!

Das passt in kein Klischee. Wer ihre Geschichte hört, mag bei sich denken: „Was für eine außergewöhnliche junge Frau, wie bewegend das doch ist! Ich hoffe nur, dass mir nicht mal so etwas widerfährt!" Doch ich muss gestehen, dass in ihrem Krankenzimmer eine solche Atmosphäre herrschte, dass man fast „neidisch" werden konnte: Dort „atmete" man etwas vom Himmel …

Ruggero: Ja, es war eine „übernatürliche" Atmosphäre; bevor man in Chiaras Zimmer kam, verspürte man unwillkürlich das Bedürfnis, sich innerlich vorzubereiten; diese Atmosphäre ergriff jeden, und zugleich half sie uns, auf demselben inneren „Level" zu sein, auf dem Chiara inzwischen lebte.
Maria Teresa: So vieles könnte man erwähnen, und doch ist es unmöglich, die Atmosphäre zu beschreiben, die einen dort in diesem Zimmer umgab; so mancher sagte beim Hinausgehen: „Die Kranken, das sind wir …!"

Als der Tumor weiter um sich griff, haben Chiara und ihr weiter gekämpft. Wann habt ihr verstanden, dass definitiv nichts mehr zu machen war und ihr eure Tochter verlieren würdet?

Maria Teresa: Wahrscheinlich nach dem Ergebnis der letzten Biopsie. Bis zu diesem Augenblick hatten wir immer noch gehofft, dass alles auch wieder gut werden könnte. Der Professor hat nie drum herum geredet; er sagte knallhart, wie die Dinge standen – in einer Weise, dass die Krankenschwester, die dabei war, ihn am Ende geradezu zurechtwies. „Da ist nichts mehr zu machen", sagte er uns. Mir hat das so zugesetzt, dass ich zu Ruggero sagte: „Wenn ich sterbe, dann schreibt nicht den Todestag auf den Grabstein, sondern das Datum von heute; denn heute, jetzt bin ich gestorben."
Ruggero: Für mich war es ähnlich, vielleicht nicht ganz so heftig; doch auch für mich ist in diesem Augenblick die Welt zusammengebrochen.
Maria Teresa: Und dann ging es doch irgendwie weiter; man kann ja nicht stehen bleiben. Jesus gibt dir die Kraft, weiterzumachen und immer wieder neu Ja zu sagen … Wir haben es auch und vor allem deshalb versucht, weil wir Chiara nicht mit unserem Schmerz belasten wollten. Aus Liebe zu ihr. Aber die Liebe war gegenseitig. Wir können wirklich sagen, dass wir uns gegenseitig gestützt haben: Chiara lebte für uns und wir für sie.

Chiara hat recht bald die Kontrolle über ihre Beine verloren …

Maria Teresa: Man stelle sich vor, was das für eine wie sie bedeutete, die ohne Sport nicht leben konnte! Das war ein denkbar schmerzlicher Einschnitt. Ich sagte zu ihr: „Chiara, sorge

dich nicht! Wenn du nicht mehr auf deinen Beinen laufen kannst, dann verleiht Jesus dir Flügel!" Im Nachhinein können wir sagen, dass es tatsächlich so gekommen ist!
Ruggero: Damals aber war es sehr hart, zumal unkontrollierte, krampfartige Zuckungen auftraten, die ihr unsägliche Schmerzen bereiteten. Man musste ihre Beine fixieren. Auch darin sah Chiara eine Gelegenheit, um den Willen Gottes zu erfüllen. Das war ihre „Methode", die sie bis zum Schluss beibehalten hat, auch als sich ihr Befinden weiter verschlechterte.

Wie Chiara mit Leid und Schmerz umgegangen ist, war, wie ich selbst erlebt habe, beeindruckend. In kurzer Zeit ist so aus einem „tollen Mädchen", aus einer Jugendlichen wie viele eine „Große" unter den Glaubenden geworden, ein Mensch, der in einer mystischen Dimension gelebt hat. Wie hätte Chiara reagiert, wenn man ihr gesagt hätte: „Eines Tages wirst du eine Heilige sein!"?

Maria Teresa: Das hätte sie sich ganz sicher nicht einmal vorstellen können; sie war einfach darauf ausgerichtet, den gegenwärtigen Augenblick zu leben …
Ruggero: Vielleicht hätte sie es als gutgemeinten Wunsch verstanden.
Maria Teresa: Richtig ist, dass sie sich, wie sie Freunden geschrieben hatte, „in einen wunderbaren Plan" hineingenommen fühlte, der ihr „ganz allmählich klarer wurde".

Und dann kam der letzte große Schlag: Eines Tages, im Sommer 1990, ließ euch der behandelnde Professor rufen, um euch mitzuteilen, dass Chiara nur noch wenige Monate zu leben habe …

Maria Teresa: Ja, ich weiß noch, wie er mir, bevor er etwas sagte, einen Stuhl hinschob. Ich ahnte sofort, was er mir sagen würde, und merkte, wie schmerzlich es für ihn selbst war. In diesem Augenblick spürte ich eine neue Kraft in mir: die Liebe, die Jesus mir ins Herz gab, eine Liebe, die mich auch mit dem Schmerz des Arztes mitfühlen ließ, mit dem „Scheitern" all seiner Bemühungen. Ich stand auf und dankte ihm für alles, was er getan hatte; denn über die medizinischen Maßnahmen hinaus hatten wir seine große Liebe für Chiara und uns Eltern gespürt.
Ruggero: Sein ganzes Team war mit dabei; viele konnten die Tränen nicht unterdrücken.
Maria Teresa: Dann gab Professor Madon uns ein Rezept: Das sei *seine* Therapie für Chiara, sagte er zu mir, vor allem aber sollten wir Chiara weiter auf *unsere* Weise beistehen … Meine Weise der „Behandlung" war nichts anderes als die Kraft des Heiligen Geistes, von dem wir uns umhüllt, geleitet und verwandelt fühlten …
Ruggero: Es war ein Lieben und Geliebt-Werden, das unser Leben prägte: als würde eine unsichtbare Energie von einem zum anderen fließen und uns wechselseitig Kraft und Mut schenken. In diese Erfahrung waren viele andere einbezogen: Es war ein Netz von Freunden, insbesondere aus dem Kreis der Fokolar-Bewegung, mit denen wir „Jesus unter uns lebendig halten wollten", wie wir sagten [vgl. Matthäus 18,20].

Ist euch in den letzten Monaten mit Chiara eigentlich einmal der Gedanke gekommen, dass ihr mit einer „Heiligen" beisammen seid?

Maria Teresa: Nein, ein solcher Gedanke ist uns nie gekommen, kein Anflug davon! Wir haben in einer „außerordentlichen Normalität" gelebt, obwohl Chiara ihre Beine nicht mehr gebrauchen konnte und ans Bett gefesselt war. Es war offenkundig ein Geschenk von oben, eine Gnade, die uns damals wohl nicht einmal richtig bewusst war; und doch lebten wir jeden Tag daraus.
Auch danach hat diese Kraft von oben uns begleitet, und sie tut es auch jetzt noch. Wenn man so sagen kann, war dies Chiaras „Spezialität": nicht so sehr durch das Erdulden schlimmsten Leids (das wahrlich nicht gefehlt hat) heilig zu werden, sondern in der Freude, Gott zu lieben.
Ruggero: Nun, wenn ich an die Zeit von Chiaras Krankheit denke, dann kommt mir in den Sinn, was wir immer wieder sagen: Es waren wirklich die beiden am meisten von Gott gesegneten Jahre unseres Lebens.

Chiara hatte sich ganz dem gekreuzigten und verlassenen Jesus geschenkt, als seine „Braut". Er verkörpert Gott in seinem, wenn man so sagen kann, „Scheitern". Vordergründig möchte man meinen: Ein solcher Gott ist sicher nicht das, wonach man sich sehnt … Man „verehrt" lieber die Erfolgreichen, die Sieger. Wie erklärt ihr euch, dass Chiara sich ausgerechnet in „diesen" Gott verliebt hat?

Ruggero: Eine schwierige, eine *sehr* schwierige Frage …
Maria Teresa: Franz, du weißt, dass Chiara sich wie von Natur aus zu den „Verlierern" hingezogen fühlte, schon als Kind. In diesem Sinn glaube ich, dass Jesus in seiner Verlassenheit für sie ein Bild der leidenden Menschheit war, dass er geradezu all

die verkörperte, die litten, die gescheitert, unterdrückt, am Ende waren: Ihnen galt Chiaras besondere Liebe. So war es schon, bevor sie krank wurde, nicht wahr, Chicca?
Chicca: Einschneidend für Chiara war, so scheint mir, eine Videoaufzeichnung mit einem Vortrag von Chiara Lubich, die wir als junge Teenager gesehen hatten: Chiara Lubich lud uns ein, „den verlassenen Jesus zu wählen", ihm den ersten Platz im Leben zu geben. Chiara Luce hat sich, wie andere auch, spontan, mit jugendlichem Elan, darauf eingelassen. Noch heute weiß ich, wie sehr wir davon berührt waren ... Und wir wollten dieses Leben miteinander teilen, „mit Jesus in unserer Mitte leben", wie Ruggero es vorhin ausgedrückt hat.

Während der Zeit ihrer Krankheit hatte Chiara reichlich Gelegenheit, ihre Entscheidung ganz konkret und radikal umzusetzen ... Es war zugleich der Beginn einer ganz besonderen Beziehung zu Chiara Lubich ...

Ruggero: Ja, es war tatsächlich eine ganz besondere Beziehung! Unsere Tochter fand darin eine innere Orientierung; Chiara Lubich war für sie zudem ein großes Vorbild ... In einigen Briefen spricht sie sie als „Meine liebe Mama!" an; denn sie war für Chiara so etwas wie eine zweite Mutter.
Maria Teresa: Und wie sie sich über jeden Antwortbrief freute! Sie hat ihn nicht gleich aufgemacht und vorgelesen, sondern war immer erst ganz still; manchmal drückte sie den noch ungeöffneten Brief an die Brust; sie hat aus dieser Beziehung viel Kraft geschöpft und wollte das, was Chiara ihr schrieb, ganz in sich aufnehmen.

Hat sich durch die Krankheit Chiaras Beziehung zu Gott verändert?

Ruggero: Verändert würde ich nicht sagen; eher: Sie ist gewachsen, enorm gewachsen!
Maria Teresa: Immer, wenn ein neuer Schmerz sie traf, sagte sie: „Für dich, Jesus! Wenn du es willst, dann will ich es auch!" Je näher sie dem „Ziel" kam, desto inniger wurde ihre Beziehung zu Gott. Manchmal bat sie, allein sein zu dürfen – nicht, weil sie in diesen Momenten keine Kraft gehabt hätte, jemanden zu empfangen, sondern weil sie fürchtete, das innige Gespräch mit Gott könnte darunter leiden …

Und wie habt ihr dieses „Reifen im Leiden" erlebt?

Ruggero: Ich vergleiche das gern mit dem Blick aus dem Fenster eines Flugzeugs: Da unten sah ich den Schmerz, ich sah Chiara und uns leiden, die endlosen, tagtäglichen Schwierigkeiten. Aber es war, als bliebe der Schmerz da unten, es war, als würde er uns nicht direkt berühren: Wir waren da oben; indem wir alles teilten, waren wir – ich weiß nicht, wie ich es sagen soll – auf einer anderen Ebene, ja in einer eigentümlichen „Glückseligkeit" …
Maria Teresa: Ja, es hatte etwas „Göttliches" …
Ruggero: Um im Bild zu bleiben: Von Zeit zu Zeit geriet unser Flugzeug natürlich auch in ein Luftloch; wir kamen uns vor wie im Sturzflug. Doch dann genügte wenig, und wir spürten wieder die Hand Gottes, der uns wieder hinaufhob. Es war ein großes Geschenk von ihm, du magst es „Kraft" oder sonstwie nennen, jedenfalls war es eine Erfahrung, die uns, unser Vermögen und unseren Willen überstieg. Für uns war es, als hätten Jesus und Maria uns an die Hand genommen.

Maria Teresa: Mir kommt die Frage von Chiara in den Sinn: „Mama, ist es gerecht, mit 17 zu sterben?" Das war in Wirklichkeit keine dramatische Frage, sondern ein einfaches Wissen-Wollen, ohne den Unterton der Verzweiflung. Die Antwort hatte sie irgendwie schon im Herzen; was hätte man dazu sagen sollen, wenn nicht dasselbe, das ihr ganzes Leben bestimmt hatte: Es kommt darauf an, den Willen Gottes zu tun!

An einem bestimmten Punkt hat Chiara sich mit dem Einverständnis der Ärzte entschieden, die Behandlung abzubrechen. Sie schrieb an Chiara Lubich: „Die Medizin hat also die Waffen gestreckt."

Maria Teresa: Ja, und wenig später sagte sie, sie wolle keine Schmerzmittel; sie meinte, das Morphium nehme ihr die geistige Klarheit, und sie habe doch nur noch den Schmerz, den sie Jesus schenken könne.

Zu ihrem 18. Geburtstag bekam sie von Chicca und anderen Gen ein ganz besonderes Geschenk …

Maria Teresa: Briciola, einen Welpen, einen schneeweißen kleinen Pudel!
Ruggero: Sie haben ihr eine Riesenschachtel mit Schleife aufs Bett gestellt; Chiara hatte keine Ahnung, was darin sein könnte …
Maria Teresa: Wie hat sie sich gefreut, als sie die kleine Hündin gesehen hat! Damit hätte sie nie gerechnet; ein Hündchen hatte sie sich schon immer gewünscht!

Chicca: Was haben wir gesucht, bis wir endlich den richtigen Hund für Chiara gefunden hatten!
Maria Teresa: Jedenfalls war es ein Volltreffer. Liebevoll hat Chiara die kleine Hündin gestreichelt und sich um sie gesorgt; und Briciola war gern bei ihr auf dem Bett, sie hat es genossen.
Chicca: Manchmal haben wir Briciola sogar verkleidet; einmal haben wir ihr mein Ballettröckchen angezogen und uns halb totgelacht!
Ruggero: Briciola hatte Chiara richtig ins Herz geschlossen. Jeden Morgen lief sie hinunter und brachte ihr die Post!
Maria Teresa: Ich glaube, dass Briciola eine wichtige Rolle gespielt hat, indem sie uns half, die frohe, heitere Atmosphäre zu Hause zu bewahren, auch in diesen so schweren Zeiten. Die kleine Hündin wäre ihr sicher noch viele Jahre zugetan gewesen. Jedes Mal, wenn sie uns zum Friedhof begleitete, war sie als erste am Familiengrab, wo Chiara bestattet ist, nahm ein Steinchen und legte es auf die Stufen …

An ihrem letzten Namenstag hat der Pfarrer, Don Bazzano, die heilige Messe für Chiara gefeiert, ansonsten hat Don Lino ihr täglich die Krankenkommunion gebracht …

Maria Teresa: Ja, all die Monate hat er ihr, wenn sie in Sassello war, die Kommunion in ihr Zimmer gebracht. Es war ein unbezahlbarer Dienst; denn für Chiara war diese tägliche „Begegnung“ mit Jesus etwas Unverzichtbares: Er war ihre wichtigste „Nahrung“. Oft blieb Don Lino da, um noch mit ihr zu sprechen; manchmal konnte er die Tränen nicht zurückhalten, so dicht waren diese Momente. Dann verabschiedete er sich rasch; Chiara sollte nicht merken, dass er weinen musste …

Zuletzt waren Chiaras Gedanken viel bei anderen Jugendlichen; die Jugendlichen lagen ihr besonders am Herzen …

Maria Teresa: Chiara Luce gehört irgendwie allen, doch ihr Leben hat sie vor allem für die Jugendlichen gegeben, wenn man so sagen will. Viele Mädchen und Jungen betrachten sie als eine Art Modell, eine Schwester, die ihnen in ihren Kämpfen und Schwierigkeiten zur Seite steht … Untereinander verbunden, mit Jesus unter uns ist vieles möglich! Mir scheint, dass Chiaras Geschichte gerade den jungen Menschen helfen kann, die glauben, sie hätten nicht mehr die Kraft, weiterzumachen und einen neuen Anfang zu wagen. Doch mit Jesus ist das immer möglich! Wenn man diesen Dreh gefunden hat, merkt man: Alles Weitere macht er!
Ruggero: Am Abend, bevor sie starb, wollte Chiara alle grüßen, die gekommen waren, um sie zu besuchen, ganz besonders die Jugendlichen … Sie hat jedem von ihnen in die Augen geschaut. Auch ihr Cousin Alberto war da, nicht wahr, Teresa?
Maria Teresa: Ja. Er hat mir einige Zeit danach ein Foto von Chiara gezeigt, auf das er die letzten Worte geschrieben hatte, die sie ihm gesagt hatte: „Ich gehe ins Paradies; hier unten werde ich nicht mehr leiden, und ich werde sehr, sehr glücklich sein!“

Es wurde öfter berichtet, dass Chiaras letzte Worte die an ihre Mutter waren: „Ciao Mama, sei glücklich; denn ich bin es!“ Was war das letzte, das sie dir gesagt hat, Ruggero?

Ruggero: Als Chiara das sagte, war ich auch bei ihr, auf der anderen Bettseite. Ich fragte sie, ob dieser Satz auch für mich gelte. Unter großer Anstrengung hat sie sich zu mir gewandt und genickt, mit einem wunderbaren Lächeln.

Wenige Stunden danach ist sie gestorben …

Maria Teresa: Ja, kurz nach vier Uhr am Morgen des 7. Oktober 1990. Ruggero und ich haben uns in die Arme genommen, dann haben wir uns neben ihrem Bett niedergekniet und das Credo gebetet. Danach haben wir die Worte aus der Heiligen Schrift wiederholt: „Gott hat sie uns gegeben, Gott hat sie uns genommen, gepriesen sei Gott“ [vgl. Ijob 1,21].
Ruggero: Ich habe Maria Teresa angeschaut und gesagt: „Jetzt werden wir sie nicht mehr sehen …“
Maria Teresa: In diesem Satz bündelte sich der tiefe Schmerz, den Ruggero und ich empfanden. Doch ich konnte erwidern: „Nein, Ruggero, wir haben sie bis zur Schwelle des Himmels begleitet. Die Tür ist aufgegangen, sie ist hineingegangen, jetzt ist sie wieder geschlossen. Wir konnten nicht eintreten, aber ein wenig von unserer Liebe ist mit Chiara mitgegangen. Die Liebe stirbt ja nicht.“
Ruggero: Bis heute können wir, wenn wir an diese so schrecklichen Augenblicke des Abschieds denken und sie neu durchleben, einfach nicht verstehen, wie wir es geschafft haben, sie so würdig und feierlich zu leben.
Maria Teresa: Besser gesagt, wir wissen sehr wohl, von *wem* und *woher* wir diese Kraft bekommen haben …
Ruggero: Das stimmt …
Maria Teresa: Am Tag danach ihr letzter „Liebesdienst“: Chiara hatte die Hornhaut ihrer Augen als Organspende zur Verfügung gestellt.

Die Zeit »nach« Chiara

In welchen Momenten fehlt euch Chiara am meisten? Und was vermisst ihr besonders?

Ruggero: Chiara hat uns sehr geholfen, unsere Liebe konkret werden zu lassen, auch als Ehepaar. Das hat uns so gut getan …

Maria Teresa: Einmal kehrten wir in unsere Unterkunft in Savona [wo die Familie zeitweise mit Chiara gewohnt hatte] zurück, um sie auszuräumen. Nach Chiaras Tod hatte es keinen Sinn, uns dort aufzuhalten, zumal uns jeder Winkel der Wohnung an sie erinnerte. Jedes Mal, wenn im Treppenhaus der Aufzug anhielt, dachte ich: Jetzt kommt sie …! Es hat mich förmlich zerrissen; das war eine ganz harte Zeit, vielleicht sogar noch schwieriger als der Moment, in dem sie starb. Sie war kurz zuvor gestorben; ich war sehr, sehr traurig. Wie ein Wrack, das weggespült wird, kam ich mir vor, innerlich leer, wie jemand, der nichts mehr zu geben hat, weder Chiara noch den anderen. Ich weinte. Ohne sie kam mir alles so sinnlos vor … Während ich die Küche aufräumte, fiel mein Blick auf ein Zettelchen, das aus der Kehrschaufel herausschaute, mit Chiaras Handschrift. Ich nahm es; darauf stand ein Wort von Chiara Lubich: „Lieben, immer lieben, alle lieben …“ Es kam mir vor wie ein Zeichen unserer Tochter, als wollte sie mir sagen, dass sie mir näher ist denn je. Dann stieß ich auf ein Tonbild unseres Freundes Walter Kostner, das ganz unten in einer Schachtel lag: „Der Flötenspieler und die Prinzessin". Es ist die Geschichte von einem bedeutenden Flötenspieler, der das Gehör verliert und in seiner Verzweiflung umherirrt, bis er eines Tages der Tochter eines Königs begegnet, der ebenfalls verzweifelt ist, weil sein Töchterchen nie lächelt. So spielt der Flötenspieler für sie, er schaut sie an – und sie beginnt zum ersten Mal zu lächeln. Da versteht er, wie sein Leben wieder einen Sinn bekommen kann: dadurch, dass er andere froh macht … Es schien mir ein weiteres Geschenk von Chiara, genau im richtigen Augenblick …

Chicca: Mir ist in der Wohnung etwas Ähnliches widerfahren. Es war an ihrem Geburtstag, am 29. Oktober 1990, wenige Tage nach ihrem Tod. Ich war todtraurig; an diesem Tag noch mehr, auch weil ich zum ersten Mal wieder in dem Haus in Savona war. So habe ich mich in Gedanken an Chiara gewandt und ihr gesagt: Diesmal musst du mir etwas schenken; denn ich kann einfach nicht mehr. Ich drehe mich um, und mein Blick fällt auf einen kurzen Meditationstext an der Wand, den ich noch nie wahrgenommen hatte und auch nicht kannte. Diese Worte waren wie für mich gemacht *(sie zieht einen zerfledderten Zettel aus dem Geldbeutel und liest)*: „Den gegenwärtigen Augenblick festlich leben, für Jesus: leiden, schlafen, krank sein, arbeiten: für Jesus. Darauf kommt es an; nicht darauf, ob wir arbeiten, ob wir gesund sind oder nicht, ob wir lachen oder weinen … – alles kann für Jesus getan werden, möglichst gut. Ich stehe morgens auf, bringe das Zimmer in Ordnung: sorgfältiger als gestern; ich beginne zu arbeiten: besser als gestern; ich spreche mit jemandem: aufmerksa-

mer als gestern ... Wenn wir so leben, erfahren wir in manchen Augenblicken eine tiefe Freude, einen Vorgeschmack des Himmels. Hin und wieder empfinde ich diese Freude, und dann sage ich zu Jesus: ‚Für dich, auch dies!' So mache ich es auch in schmerzlichen Momenten: ‚Auch das für dich!' Daraus erwächst etwas Neues, eine neue Freude am Leben! Nein, nicht ‚sterben', sondern dieses Leben leben! Ich freue mich auf jeden neuen Morgen; halbverschlafen sage ich mir: Auf, ein neuer Tag liegt vor mir, eine neue Gelegenheit, Gott zu lieben! Für dich, Jesus, alles für dich! Ja, das Leben ist schön! Ich verstehe, warum Jesus gesagt hat: ‚Ich bin das Leben!' Er schenkt uns wirklich das Leben" (Chiara Lubich).
Es war genau das, was ich in diesem Augenblick brauchte – und nicht weniger in der darauffolgenden Zeit. Ich habe den Text abgeschrieben; das Blatt habe ich seitdem immer bei mir.

Maria Teresa, wie ist denn deine Beziehung zu Chiara nach ihrem Tod?

Maria Teresa: Du weißt, dass bei ihrem Begräbnis Tausende Personen zugegen waren. Am Nachmittag war ich dann allein, und so bin ich zum Friedhof zurückgekehrt. Ich setzte mich auf die Stufe vor der Grabkapelle und betrachtete das große Foto vor ihrem Grab. Ich sagte: „Chiara, sieh, es ist wie immer: Ich will weiter mit dir sprechen, dir von mir erzählen, wie ich es immer getan habe; und es wäre sehr schön, wenn auch du einen Weg finden könntest, in meinem Leben weiter da zu sein." Da verstand ich etwas Wichtiges, fast war es, als würde sie selbst es mir sagen: Ich verstand, dass sie nun in Gott ist, und wenn ich eine Beziehung zu ihr haben möchte, dann würde es darauf ankommen, dass auch ich in Gott bin. Seither weiß ich: Bevor ich mit Chiara spreche, ist es wichtig, dass ich mit Gott, in dem sie nun lebt, verbunden bin. Im Gebet suche ich die richtige „Wellenlänge"; denn nur dann fühle ich sie mir wirklich nah. Viele Menschen kommen mit ihren Anliegen zu uns und bitten uns, sie Chiara anzuvertrauen. Wenn wir an ihrem Grab stehen und ihr Foto betrachten, zähle ich all diese Bitten auf: Bitten von Müttern, von jungen Menschen mit Problemen, von Menschen in Schwierigkeiten ... Es ist, als sagte sie mir ganz leise: Das weiß ich schon, Mama! Aber sag es mir ruhig noch einmal. – Jeder könnte es machen: Ich glaube fest, dass Chiara jeden, der sich an sie wendet, anschaut und hört, was er auf dem Herzen hat ..., nicht zuletzt die jungen Menschen. Sie haben es ja oft ganz schön schwer: in der Schule, im Freundeskreis, in einer Welt, die sie häufig nicht gebührend achtet oder sie verkehrt beurteilt ... Chiara hat vieles selbst durchgemacht; sie versteht das. Ich jedenfalls vertraue ihr alle an!

Chiara wäre jetzt über 40. Was meint ihr, wie wäre Chiara heute? Wie würde sie leben, was würde sie denken über die Entwicklungen der letzten Jahre und Jahrzehnte?

Maria Teresa: Wer weiß das schon! Keine Frage: Vieles hätte sie sich nicht im Entferntesten vorstellen können. Denken wir nur an den Anschlag auf das World Trade Center oder an die technologische Revolution oder auch an zweifelhafte moralische Entwicklungen ... Ich stelle mir vor, dass sie – wie wir alle – Zeit gebraucht hätte ... Ganz bestimmt hätte sie selbst die Hoffnung nicht verloren und anderen Hoffnung gemacht.

Sensibel, wie sie war, hätten ihr die vielen schlimmen Dinge, die uns tagtäglich durch die Medien ins Haus getragen werden, zu schaffen gemacht. Genauso sicher glaube ich sagen zu können, dass sie die feste Zuversicht hätte, dass sich das Negative in etwas Positives verwandeln lässt ... Ja, so sehe ich sie vor mir, mit ihrem Enthusiasmus und ihrem Glauben an einen Gott, der die Liebe ist – für alle Menschen, für einen jeden.
Ruggero: Da kann ich Maria Teresa nur beipflichten. Diese Grundüberzeugung war so tief in ihr verwurzelt, dass nichts und niemand sie davon hätte abbringen können.

Sprechen wir über das, was wir von Chiara lernen könnten. Manches davon ist durchaus auch für Menschen wie mich, die nicht an einen Gott glauben, brauchbar. Ich denke an große alte Worte, die heutzutage schrecklich unmodern klingen: Demut, Durchhaltevermögen und Treue. Oder das, was man einmal „das gute Beispiel" genannt hat ...

Ruggero: Ganz richtig; manchmal denke ich, dass ausgerechnet die Werte abhanden kommen, die heute am meisten vonnöten wären.
Maria Teresa: Vor allem die Treue zu sich selbst. Sie wird viel zu wenig wertgeschätzt; doch ohne sie haben noch so tolle Ideen keine Kraft, führen Konzepte nicht zum Tun ... Und das Vorbild, das „gute Beispiel", wie du es nennst, zählt mehr als tausend Worte. Die Frage, wie wir selbst es mit den Werten halten, die du genannt hast, sollten wir uns immer wieder stellen, am besten tagtäglich in einer Art Gewissenserforschung: Leben wir sie wirklich?

Der Seligsprechungsprozess hat 15 Jahre gedauert. Ich kann mir vorstellen, dass er für euch nicht nur eine große Freude war, sondern auch mit Schwierigkeiten und dunklen Momenten verbunden war. In aller Kürze, wie waren diese Jahre für euch?

Maria Teresa: Als Bischof Maritano den Entschluss fasste, den Seligsprechungsprozess einzuleiten, waren wir völlig überrascht; zugleich schien es uns etwas Wunderbares zu sein! Ganz spontan dachten wir, dass da wohl der Heilige Geist am Werk war … Nun, neben der Überraschung und der Freude gab es auch schmerzliche Erfahrungen, und zwar aus ganz verschiedenen Gründen; da spielten auch persönliche Beziehungen und Missverständnisse hinein … Das Kreuz gehört dazu! Der Bischof und die Vizepostulatorin im Seligsprechungsprozess, Maria Grazia Magrini, würden wohl das Gleiche sagen. Doch heute wissen wir, dass es sich gelohnt hat.
Für uns war es auch eine Form, weiter etwas für unsere Tochter zu tun und unser Leben mit ihr zu teilen. So soll es auch künftig sein …

Was, glaubt ihr, würde Chiara jungen Menschen von heute sagen?

Maria Teresa: Das Gleiche, was sie ihren Freunden kurz vor ihrem Tod sagte: von ihr die Staffel übernehmen und – im Bild gesprochen – den Lauf fortsetzen. Und daran glauben, dass sie mit Jesus an ihrer Seite Außerordentliches zuwege bringen, auch mehr als sie. Es ist ein Lauf; wer sich an Chiara orientieren will, der kann sich nicht damit begnügen, ihr schönes Lächeln oder irgendein Foto von ihr anzuschauen. Die

Staffel ist weiterzubringen; man kann nicht stehen bleiben und bloß zurückblicken …
Chicca: Chiara hat oft daran erinnert, dass wir nur ein Leben haben, und – da zitierte sie Chiara Lubich – es lohne sich, das gut zu nutzen!

Ruggero, Chiara hat gern gescherzt. Hast du schon mal bei dir gedacht, dass sie sich vom Himmel her den Scherz erlaubt hat, ausgerechnet dich als eher wortkargen Charakter so oft in der Öffentlichkeit zum Reden zu bringen?

Ruggero: Das denke ich oft! Klar, Chiara kennt uns und weiß, dass ihre Mutter den Großteil beizusteuern hat, aber ganz komme ich auch nicht davon.

Wenn ihr auf euer Leben zurückblickt: Gibt es etwas, was ihr auf keinen Fall noch einmal oder zumindest anders machen würdet?

Maria Teresa: Nein; ich hätte es nicht anders gekonnt; vielleicht, weil man nie ganz diejenige sein kann, die man eigentlich ist. Wer weiß, wenn ich anders gehandelt hätte, dann wäre mir in meiner Jugend manches erspart geblieben … Doch es ist müßig, darüber zu spekulieren. Was in meinem Leben war, das ist geschehen; Gott hat es zugelassen. Und er kann aus allem etwas Gutes erwachsen lassen, sogar aus unseren Grenzen, vielleicht ohne dass es uns selbst bewusst würde. Wir verstehen nicht alles sofort; erst heute geht mir auf, wozu manches Leiden der Vergangenheit gut war. Am Ende steht eine große innere Freude, ein ganz tiefer Friede: So ist es, wenn

man den Eindruck hat, etwas von der Arbeit Gottes mit einem, etwas von seinen Plänen mit uns zu erahnen …
Ruggero: Es ist bekannt, dass ich mich nicht so gut ausdrücken kann wie Maria Teresa; meinerseits kann ich nur sagen: Auch ich würde nichts ändern wollen. Die Schwierigkeiten, die Schmerzen, die Fehler und Irrtümer, unsere Grenzen … – all das ist Teil des Projektes, das Gott mit uns verwirklicht.

Würdet ihr euch aus heutiger Sicht als „glückliche Eltern" bezeichnen?

Maria Teresa: Auf jeden Fall. Man kann allerlei Überlegungen anstellen, doch abgesehen davon ist es etwas ganz Großes, die Wunder zu sehen, die Gott in unserem Leben gewirkt hat. Natürlich hätten wir niemals gedacht, dass Chiara vor uns sterben würde. Genauso wenig hätten wir uns vorstellen können, dass sie ihren Weg auf diese Weise würde gehen können, wie soll ich es sagen … – so strahlend, so leuchtend.
Ruggero: Es ist schwer in Worte zu fassen: Wir haben vor vielen Jahren einen Weg mit Chiara begonnen; dann mussten wir ihn allein fortsetzen. Die Begegnung mit der Spiritualität der Fokolar-Bewegung war für uns wie ein Kennenlernen einer anderen Welt, einer anderen Sichtweise. Früher ging ich in die Kirche, weil man das eben so macht, mehr wegen der Tradition als aus einem tiefen Glauben heraus; Gott war irgendwie etwas Abstraktes für mich. Doch dann, auch dank der Erfahrungen mit unserer Tochter, ist mir aufgegangen, dass Gott tatsächlich wirkt, dass er große Dinge bewirken kann, auch mit einem so begrenzten Menschen wie mir.

Maria Teresa: Die Begegnung mit einem Gott, der die Liebe ist, hat in uns, aber auch in unserer Umgebung, eine tiefe Veränderung bewirkt. Wir merken es besonders, wenn wir Jesus unter uns Raum geben. Gott hat uns Chiara genommen, aber er hat uns auch gezeigt, was er tun kann, wenn wir nur glauben und versuchen, ihm zu folgen. Er kann dir die Kraft geben für alles, was das Leben bringt. Wie könnten wir uns da nicht glücklich nennen?!

Chiara ist inzwischen in aller Welt bekannt. Sogar im Internet bei Wikipedia findet sich ein schöner Beitrag. Wie geht es euch damit, eine so berühmte Tochter zu haben?

Maria Teresa: Das ist schön, aber bitte verstehe mich nicht falsch! Was uns freut, ist nicht ihre Berühmtheit, sondern das sind die Gründe, die dazu geführt haben und die sie immer noch mehr bekannt machen. Das ist etwas anderes als die Berühmtheit von Fernseh- oder Kinostars. Wir sind glücklich, weil wir feststellen, dass Chiaras Popularität schon vielen Menschen, besonders jungen Menschen, geholfen hat, ihrem Leben einen Sinn zu geben.
Ruggero: Erinnerst du dich an unseren Aufenthalt in Licata [einer sizilianischen Stadt]?
Maria Teresa: Aber sicher! Wir waren eingeladen, dort auf einem Platz vor Tausenden von jungen Leuten von Chiara zu erzählen. Wir hatten unseren Beitrag kaum beendet, da stieg ein Junge auf die Bühne, ging schnurstracks zum Mikrofon und sagte: „Ich wollte euch sagen, dass ich vorhatte, mir morgen das Leben zu nehmen; ich hatte alles genau geplant. Jetzt, nachdem ich die Geschichte von Chiara gehört habe, kann ich

das nicht mehr. Ich will das hier vor allen sagen, damit ich nie wieder auf so einen Gedanken komme.“ Einen solchen Augenblick vergisst man nicht …

Ruggero: Dass Chiara praktisch in der ganzen Welt bekannt ist, das ist natürlich eine Freude, besser: ein Geschenk … Wir wollen es in aller Einfachheit zur Kenntnis nehmen, so wie Chiara selbst es wohl getan hätte. Es ist ja nicht Frucht irgendwelcher Verdienste, sondern ein Geschenk Gottes.

Maria Teresa: Sehr gefreut haben wir uns, als kürzlich der Stadtrat von Pietra Ligure entschied, eine Straße nach ihr zu benennen. Viele Beispiele könnte man nennen …; das alles hilft, die Erinnerung an das, was Chiara uns zu sagen hat, wachzuhalten.

Seid ihr nie versucht zu denken: Also, wir haben das mit Chiara wirklich gut hingekriegt!

Maria Teresa: Nie! Wirklich nicht! Das sage ich nicht aus falscher Bescheidenheit. Natürlich haben wir die Verantwortung gespürt, unser Kind, das Gott uns anvertraut hat, zu erziehen. Ich wusste und weiß, dass ich Gott, wenn ich vor ihn treten werde, darüber Rechenschaft geben muss. Aber alles, was wir haben tun können, schulden wir Gott; es ist sein Verdienst. Er war es, der uns mit seiner Gnade begleitet hat. Darauf kann man nicht stolz sein, nein!

Ruggero: Natürlich freuen wir uns, dass wir unseren Teil beitragen konnten, das Geschenk, das Gott uns gemacht hat, nicht zu ruinieren. Mit Stolz, so meine ich, hat das nichts zu tun …

Ich selbst habe keine Kinder, doch ich habe den Eindruck, dass der „Elternjob“ noch nie so schwierig war wie heutzutage …

Ruggero: Da hast du wohl recht, und derzeit wohl noch mehr als zu Chiaras Zeit. Und auch wir können nicht sagen, ob wir damals unserer Aufgabe wirklich gerecht geworden sind.
Maria Teresa: Eltern wollen ihren Kindern immer alles und immer das Beste geben. Das ist ganz natürlich, und es ist auch gut so. Das Wichtigste, was wir ihnen geben können, sind aber nicht irgendwelche Sicherheiten und materielle Güter, die als solche doch vergänglich sind. Wichtig ist, ihnen Werte und Ideale zu vermitteln, die nicht vergehen, die sie ein Leben lang begleiten, etwas, was trägt und sich nicht mit der Zeit abnutzt. Ich glaube, das gilt für alle, unabhängig von ihrem Glauben: Eltern haben die Aufgabe, ihren Kindern solche Werte zu vermitteln. Die Kinder werden natürlich ihre eigenen Entscheidungen treffen, doch was ein Kind, besonders in den ersten Jahren, mitbekommen hat, das bleibt immer in seinem Herzen. Das Gleiche gilt auch für die Weitergabe des Glaubens. Auch auf die Gefahr hin, mich zu wiederholen: Wir wollen und können keinem irgendwelche Lehren erteilen; wir können nur sagen, wie wir es gemacht haben, wie wir es versucht haben. Auf jedem Paar liegt eine ganz besondere Gnade, mit dem Ehesakrament ist auch eine einzigartige, je eigene Gnade für die Erziehung der eigenen Kinder verbunden.

Und wenn sich Eltern in einer ähnlichen Situation wie ihr befinden, das heißt wenn sie gerade einen sehr lieben Menschen, insbesondere ein Kind verloren haben oder diesen Augenblick vor sich haben?

Maria Teresa: Wer ein Kind verloren hat, weiß, dass es keinen größeren Schmerz gibt; ähnlich ist es wohl für jeden, der seinen Partner oder die Eltern verliert … Von Chiara haben wir

ganz Grundlegendes gelernt; sie hat uns geholfen, jeden Tag diese schmerzliche Gymnastik zu machen, die das Annehmen einer solchen Situation bedeutet.
Eine Frau gestand mir einmal, sie beneide uns darum, dass wir uns am Glauben festhalten könnten, der manchmal die einzige Stütze sei. Ich erwiderte, dass ich mich nicht so sehr daran festhalte; ich versuche vielmehr, mich in Gott zu verankern – wie ein Schiff bei hohem Wellengang. Wenn du machtlos und ganz am Ende bist, dann hilft dir der Glaube, einen sicheren Hafen zu finden; dieses Bild passt m. E. besser als die Rede von Trost und Stärkung.
Im Übrigen meine ich, dass wir im Angesicht des Todes oder sehr großen Schmerzes lernen müssen, sie menschlich und mit Würde zu bestehen, ohne zu viel „Theater“ und ohne falsche Frömmelei.
Ruggero: Nicht zu unterschätzen war auch die Unterstützung, die wir in allen schwierigen Momenten durch andere erfahren haben, durch die Fokolar-Bewegung wie durch viele andere Personen. Zudem hat Chiaras Gelassenheit auch auf uns abgestrahlt. Da war sie uns ein Vorbild; auch wir haben uns bemüht, so wie sie alles in die Hände Jesu zu legen, besonders in der Kommunion alles, was geschah, alles, was zu ertragen war. Wenn wir das tun, merken wir, wie er mitträgt und wie sich seine Pläne verwirklichen.

Aber denkt an die ganz jung verheirateten Eltern, die erzählten, dass sie gerade ihre einzige Tochter verloren hatten: Völlig unvermittelt war sie aufgrund eines Aneurysmas im Gehirn gestorben … Denkt an den Vater, der uns sagte, welchen Zorn er Gott gegenüber empfindet …

Maria Teresa: In solchen Extremsituationen ist es ganz natürlich, dass man Zorn empfindet; wir sind schließlich Menschen! Und besonders hart ist es, wenn einem nicht einmal ein wenig Zeit gegeben ist, um sich vorzubereiten. Manchmal versagen alle gut gemeinten Worte. Man kann einfach nur spüren lassen, dass man da ist, und Gott anflehen, dass er helfe weiterzugehen und ganz allmählich ja zu sagen zu den Geheimnissen seines Willens.
Chicca: Aus meinem Erleben möchte ich noch etwas ergänzen; ich habe ja Chiaras ganzen Kreuzweg aus der Nähe und in gewisser Weise doch „von außen" miterlebt. Mir ist aufgefallen, mit welcher Liebe Maria Teresa und Ruggero für andere, etwa für mich, da waren. Selbst in den härtesten Augenblicken haben sie sich nicht in sich und ihren Schmerz „verkrochen". Wer sich „rauswirft" und diejenigen, die er vor sich hat, liebt, der denkt nicht an sich. Sich bemitleiden und im Schmerz versinken, das hilft ja auch nicht …

Vielleicht ist dies oft der einzige Weg, sein eigenes Leid – so gut es geht – zu „neutralisieren": das Leid der anderen mitzutragen …

Maria Teresa: Ja, genau so ist es …
Chicca: Nun, hinter den Badanos standen sehr viele Menschen; es war ein Umfeld, das für sie eine große Hilfe war … Ich denke an die Tante Mimma und viele andere, die auch ganz praktisch zur Hand gingen, beim Kochen, im Haushalt, man half sich gegenseitig bei Besorgungen und in allen möglichen Angelegenheiten … Auch wenn es keine wesentlichen Dinge waren, so hat es doch geholfen, ein bisschen mehr „Luft zu haben", wie man so sagt …

Ruggero: In der Tat waren wir nie allein! Ein Freund hat mich öfter bei meinen Lkw-Fahrten begleitet, um mir in schwierigen Zeiten Gesellschaft zu leisten; wir beteten und – unmusikalisch, wie wir beide sind – sangen sogar miteinander. Ein anderer, ein Maurer und ehrenamtlicher Rote-Kreuz-Helfer, war immer gleich bereit, Chiara und uns zum Turiner Krankenhaus zu bringen. Er sagte kaum ein Wort, aber allein sein stilles Dasein hat uns gut getan.

Maria Teresa: Mit seiner Hilfe haben wir übrigens auch die Mansarde für Chiara hergerichtet. Ich sehe ihn noch vor mir, wie er mit dem Krankenwagen kam, Chiara liebevoll auf die Tragbahre hob und ihr zulächelte: „Also dann, Chiara, starten wir?" Er ist neulich verstorben, und ich stelle mir vor, mit welcher Freude und Dankbarkeit für alles, was er getan hat, Chiara ihn „da oben" empfangen hat …

Nicht wenige Menschen haben ein ähnliches Schicksal wie Chiara erlitten und sind in Frieden gestorben. Was meint ihr, warum ist eure Tochter seliggesprochen worden?

Ruggero: Für uns bleibt es ein Geheimnis, das ist zu groß, als dass wir es verstehen könnten …

Maria Teresa: Wir können nur bezeugen, dass Chiara ihr Leben gut gelebt hat, in aller Normalität, auch wenn das Außerordentliches bewirkt und viele Menschen im Herzen berührt hat … Zahlreiche junge Leute haben uns gesagt: Wenn Chiara es geschafft hat, dann können auch wir so leben, jedenfalls wollen wir es versuchen! – Nicht von ungefähr haben einige Theologen sie als „die Heilige des Alltags" bezeichnet; es geht darum, dass wir einfach unser Leben leben, dass wir versuchen, ihm Sinn und Fülle zu geben, Augenblick für Augenblick.

Auch wir haben zu ihren Lebzeiten Chiaras „Größe“ nicht richtig begriffen. Sie sagte uns oft: „Denkt nicht, dass ihr Großes zustande bringen müsst; das macht Gott! Wir müssen uns nur darum kümmern, die kleinen Dinge gut zu tun.“

Wie schafft ihr es nach so vielen Ehejahren, euch immer noch zu ertragen?

Maria Teresa: Das wissen wir manchmal selbst nicht ... Manchmal ist es anstrengend; denn je älter man wird, desto deutlicher kommen die Fehler und weniger guten Seiten zum Vorschein. Es ist schwieriger, einander zu vergeben und die kleinen „Brüche“, die es hier und da gibt, zu heilen. Jeder ist versucht zu denken: Warum ist der andere bloß so? Eigentlich will er doch das Gleiche wie ich; uns verbindet ein und dieselbe Spiritualität; warum muss immer ich den ersten Schritt auf ihn zu tun? Und umgekehrt ... So vergehen Stunden, manchmal auch ein paar Tage, bis wir wieder zur Eintracht untereinander finden. Doch ich spüre, dass mir alles fehlt, wenn die Einheit unter uns gelitten hat. Ruggero ist da einfacher, er macht sich nicht so viele Probleme ...
Ruggero: Ja, ich will den Problemen nicht zu viel Gewicht beimessen. Ich denke eher, dass die Zeit die Dinge schon wieder fügen wird. Probleme zu wälzen ist nicht meine Veranlagung. Das Problem ist nur, dass ich manchmal nicht einmal mitkriege, wenn ich Maria Teresa verletzt habe.
Maria Teresa (lächelt): Und du bist ganz schön reizbar.
Ruggero: Erinnerst du dich, wie wir zum Notar mussten?
Maria Teresa (lacht): Na klar!
Ruggero: Es war ein sehr wichtiger Termin. Maria Teresa hatte sich wieder einmal verspätet. Ich wartete schon im Auto, doch

sie kam und kam nicht. Da sah ich, wie sie die Wäsche, die auf dem Balkon hing, abnahm …

Maria Teresa: Das war eine Fahrt! Ruggero tobte. Ich habe ihn gelassen, doch nach einigen Kilometern, als ich sah, dass er immer noch ärgerlich war, schlug ich ihm vor zu beten. Das brachte ihn noch mehr in Rage: „Sollen wir etwa beten, dass wir pünktlich kommen, nachdem du ewig gebraucht hast? Ich jedenfalls bete jetzt nicht", sagte er …

Ruggero: Sie wollte dafür beten, dass der Notar sich verspätet. Ist denn das die Möglichkeit?!

Maria Teresa: Ich habe ihm darauf das Gleiche erwidert, was ich auch Chiara, als sie klein war, einmal gesagt hatte: Wenn du nicht beten möchtest, dann musst du nicht; ich bete auch für dich mit. Doch anders als Chiara hat Ruggero es sich keineswegs anders überlegt. In Savona ist er zum Notar gegangen, während ich andere Besorgungen gemacht habe. Einige Stunden später trafen wir uns wieder; er machte einen recht „bedröppelten" Eindruck und war ganz still. „Also, wie ist es beim Notar gegangen?", fragte ich. „War er sehr sauer, dass du zu spät gekommen bist?" Ruggero sagte kein Wort.

Ruggero: Ich wusste nicht, wie ich es ihr sagen sollte. Dann brach es aus mir heraus: „Immer musst du Recht behalten! Kaum hatte ich die Kanzlei betreten, kommt die Sekretärin auf mich zu und sagt: ‚Entschuldigen Sie vielmals, Herr Badano, der Notar wird leider eine halbe Stunde später eintreffen!'"

Maria Teresa: Ja, so geht es! Darum sagen wir uns jedes Mal, nachdem wir gestritten haben, dass es doch eigentlich keinen Sinn hat: Es sind lauter Kleinigkeiten, es lohnt sich einfach nicht. Zumal wir so Wunderbares erlebt haben …

Ruggero: Ja, und doch hält es uns nicht davon ab, fast täglich wieder zu streiten; doch zum Glück gibt es die Barmherzigkeit: die Barmherzigkeit Gottes und jene, die wir füreinander brauchen.

Den meisten Ehepaaren ergeht es wohl so, dass nach vielen gemeinsamen Jahren die mühsamen Momente zunehmen. Ist das bei euch auch so?

Maria Teresa: Prozentzahlen könnte ich dir nicht nennen, aber wir haben auch viel zu kämpfen gehabt. Doch es lohnt sich immer noch!
Ruggero: Jesus hat es gut mit uns gemeint! Ja, wir würden wieder heiraten, wenn deine Frage darauf zielt. Auch wenn wir das in bestimmten, zum Glück seltenen Augenblicken am liebsten abstreiten würden.
Maria Teresa: Wir sind halt dermaßen unterschiedlich!

Und doch hat Papst Benedikt XVI. in Palermo an seine Begegnung mit euch erinnert und eure Familie öffentlich als Vorbild für andere bezeichnet …

Ruggero: Und stell dir vor, wir haben ihm das geglaubt! In solchen Augenblicken begreifst du, dass für Gottes Liebe unsere Mickrigkeit und unsere Grenzen unwichtig sind.
Maria Teresa: Klar, man kann immer etwas besser machen. Vor allem können wir nach jedem „Fallen" wieder aufstehen und neu beginnen. Es kommt darauf an, auf die Barmherzigkeit Gottes zu vertrauen; ohne sie wären wir alle verloren. Gott rettet uns nicht, weil wir gut sind, sondern weil er gut ist!
Ruggero: Die Begegnung mit dem Papst auf dem Petersplatz war jedenfalls unvergesslich …

Maria Teresa: Bis zuletzt wussten wir nicht, ob wir ihn grüßen könnten, doch schließlich gab uns der Zeremoniar ein Zeichen, dass wir kommen sollten. Wir haben uns eingereiht, um dem Papst die Hand zu küssen. Ruggero war ganz aufgeregt, weil er nicht wusste, was er sagen sollte. Und dann war es ein so einfacher, dichter Augenblick! Wir knieten uns hin, um gemeinsam dem Papst zu danken, doch er erwiderte, dass er uns zu danken habe. Dann schaute er uns in die Augen; nie werde ich sein Lächeln vergessen …

Sofern ihr das „von hier unten aus" sagen könnt: Was, glaubt ihr, wäre Chiaras wichtigster Rat an euch als Ehepaar heute?

Ruggero: Wenige Tage vor ihrem Tod hat sie uns ans Herz gelegt, dass wir zumindest einmal im Monat eine Pizza essen und ins Kino gehen sollten. Das mit dem Essen-Gehen bekommen wir ganz gut hin, die Kinobesuche weniger, doch wenn wir bei Chicca sind, schauen wir uns schon mal einen Film, den wir ausgeliehen haben, zusammen mit ihrer Familie an.

Wie geht es euch damit, dass ihr „eure" Chiara jetzt mit vielen anderen Menschen „teilen" müsst? Chiara gehört ja, wenn man so will, inzwischen allen!

Maria Teresa: Vor der Seligsprechung haben wir das vielleicht ein wenig bedauert. Doch während der Feier anlässlich der Seligsprechung, als das große Foto von ihr enthüllt wurde, ging mir innerlich auf, dass Chiara nicht nur uns gehört … Vielleicht war es der stärkste Moment während der Feierlichkeiten; ich spürte, dass Chiara nun allen gehörte, dass sie „Kir-

che“ wurde … Ich musste sie loslassen – wohlwissend, dass ich dabei nichts verlieren würde.
Ruggero: Anders gesagt, vorher hatten wir ganz normale menschliche Gefühle; danach merkten wir, dass eine andere Perspektive zählt: die der Liebe, der Liebe Gottes …

Wann ist eigentlich dieses Foto von Chiara entstanden [das auf dem Buchumschlag hinter den Eltern zu sehen ist]?

Maria Teresa: Als ich einmal vom Friseur nach Hause kam und Chiara mich sah, sagte sie: „Die Frisur steht dir gut, Mama! Setz dich dahin, ich mache gleich ein Foto!“ Sobald sie mich fotografiert hatte, sagte ich ihr: „Jetzt bin ich an der Reihe!“ Lächelnd meinte sie: „Das ist Erpressung!“, doch sie ließ sich fotografieren. Nie im Leben hätten wir uns vorgestellt, welchen Weg dieses Foto einmal nehmen würde …

Wer auf Chiara Luce stößt, macht sich sein eigenes Bild von ihr. Manchmal ist es ganz anders als die „wirkliche“ Chiara, so wie ihr sie kennengelernt habt. Vieles wird von ihr erzählt, auch so mancher Unfug. Ich kann mir vorstellen, dass euch das ärgert und schmerzt. Was ist der häufigste Irrtum, wenn jemand, der sie nicht kannte, versucht, sich ein Bild von ihr zu machen?

Maria Teresa: Vielleicht das Verhältnis von Freude und Schmerz, und zwar in dem Sinn, dass viele dazu tendieren, mehr die Angst und den Schmerz einer dramatischen Geschichte herauszustellen – und nicht die Freude, die sich auch durch ihre Krankheit durchgezogen hat. Doch man kann niemanden davon abhalten, sich sein eigenes Bild zu machen,

und man sollte es auch nicht: Jeder ist frei, zu sagen, was er empfindet, und von „seiner" Chiara Luce zu erzählen.
Ruggero: Natürlich ließen sich objektive Fehler vermeiden, wenn man mit den Quellen sorgfältiger umginge …

Habt ihr Pläne für die nächste Zeit? Gibt es einen Ort, wo ihr einmal hinreisen möchtet?

Ruggero: Sehr gern würden wir einmal nach Afrika reisen, besonders nach Benin, wo es ein „Zentrum Chiara Luce" gibt.
Maria Teresa: Chiara lag Afrika ja sehr am Herzen. In den letzten Monaten ihrer Krankheit gingen ihre Gedanken oft dorthin, besonders zu den Kindern. Wenn sie Geld geschenkt bekam, landete das sogleich in einer roten Schachtel, die sie dann Gianfranco gab, einem Freund, der bereits in Afrika arbeitete und so als Bote fungierte.
Ruggero: Chiara hat uns oft gesagt: Eines Tages fliegen wir drei nach Afrika. Ich sagte nein; denn ich hatte Angst vorm Fliegen. Darauf meinte sie, ich brauche keine Angst zu haben; sie werde mir die Hand halten …
Maria Teresa: Gern möchte ich noch etwas ergänzen, eine Sache, die mir neulich aufgegangen ist. Die letzten Worte, die Chiara mir gesagt hatte, waren ja: „*Ciao, mamma, sii felice, perché io lo sono* – Ciao Mama; sei glücklich, denn ich bin es!" Ich habe verstanden, dass Chiara dies auch heute von mir möchte: Ich soll glücklich sein, damit auch sie glücklich ist [man kann das *perché* auch in diesem Sinn verstehen: „*damit* ich glücklich bin!"]. Mir kommt es vor, als sei dieser Wunsch nun Teil meiner Berufung. Und ich glaube, dass diese Einladung nicht nur an mich und an Ruggero gerichtet ist, sondern an alle, die sie gern hatten und haben.

Mehr über Chiara Luce Badano ...

Gudrun Griesmayr/
Stefan Liesenfeld
CHIARA LUCE BADANO
»Gott liebt mich doch!«
Ein kurzes, intensives Leben

Ein Lebensbild. Mit Farbfotos.
Bereits in der 4. Auflage!
64 Seiten, kartoniert
ISBN 978-3-87996-884-8

DVD „CHIARA LUCE BADANO“
(1971–1990)

Die Filmdokumentation.
43 Minuten, Format: 16:9
HD/PAL, Stereo
ISBN 978-3-87996-906-7